Praten met Entiteiten

Shannon O'Hara

© 2010 Shannon O'Hara

Redactie: Jesper Nilsson & Dona Haber
Typografie en ontwerp: Shannon O'Hara & Jesper Nilsson
Omslag ontwerp: Kiu Mars Imandel

Alle rechten voorbehouden.

Niets uit deze uitgave mag worden verveelvoudigd en/of openbaar gemaakt door middel van druk, fotokopie, microfilm, of op welke wijze dan ook, zonder de voorafgaande schriftelijke toestemming van de uitgever.

De intentie van de auteur is slechts het aanbieden van informatie van bewuste aard, om je te helpen met jouw zoektocht naar emotioneel en spiritueel welzijn. In het geval dat je enige informatie van dit boek voor jezelf gebruikt, wat jouw natuurlijk recht is, aanvaarden de auteur/uitgever geen aansprakelijkheid voor jouw handelen.

Wanneer je vragen hebt over dit boek of het wilt bestellen, ga dan naar: http://talktotheentities.com

ISBN 978-1-63493-123-6

Gedrukt in het Verenigd Koninkrijk, Australië en de Verenigde Staten door Lulu.com

Nederlandse vertaling: Mik Bijleveld
Nederlandse proeflezing en correctie: Petra Siemers
Nederlandse eindredactie en bewerking: Ron Doets

Dankwoord

Een dikke pluim voor Kacie Crisp in Marin County voor haar hulp met het opstarten van dit project. Wie weet hoe lang het zonder haar nog zou hebben geduurd. Je bent een geweldige vrouw en dank je, dank je, dank je. En aan alle andere mensen die hebben bijgedragen aan het tot stand komen van het boek zoals het nu is, Liam Phillips, Simone Phillips, Stella Janouris, Heidi Kirkpatrick, Jesper Nilsson, Ryan Gantz, Jason Stahl, Q-Mars Imandel, Rikka Zimmerman en Dona Haber. Dank jullie allemaal mijn mooie vrienden, jullie maken mijn leven en de wereld beter.

En het meest van allemaal een dank je wel aan Gary Douglas die de inspiratie, het gereedschap en de magie gaf, wat niet alleen dit boek mogelijk maakte maar ook een leven dat voorbij gaat aan deze realiteit.

Dank je wel en Hoe wordt het beter?

Inhoudsopgave

Dankwoord 3
Inhoudsopgave 5
Inleiding 7
Proloog 10

DEEL EÉN **15**
In den Beginne 15
Kinderen Hebben de Sleutels 16
Eerder Aura's dan Boeken Kunnen Lezen 19
Raar Opgroeien 21
Stiefvader 23
Gary en de geesten 26
Verstoppertje 28
Het Vleugelloze Vliegtuig 31
"Jolly Old England" 34
Ziek van de Geesten 37
De Hutkoffer die Spookte 42
Drugs en Alcohol 46
De Overgangsriten 51
Access 57

DEEL TWEE **65**

De Grens 65

Betoverd Bos, Betoverde Aarde 66

De Vader van een Vriend komt op Visite 73

Een Avond in New Orleans 80

In Mezelf Groeien 89

Robin 94

Bij de Country Club 99

Bezoek van een Oude Familievriendin 102

Hoe Entiteiten Ons Kunnen Helpen 104

De Entiteit die Kanker Veroorzaakte 110

Een huis in Zweden waar het spookt 116

Op een Spookachtige Nacht Mijn Zus helpen 127

Wisseling van de Wacht 138

DEEL DRIE **149**

Leren 149

Transcript van 'Talk To The Entities Class' Australië, 2008 150

Informatie 170

Inleiding

Het is vier en een half jaar geleden dat dit boek voor het eerst de wereld in kwam en een stem voor zichzelf creëerde.

Ik heb nooit doorgehad, in al die tijd dat ik het aan het creëren was, wat voor enorme impact het zou hebben in de wereld en in de levens van alle mensen die het zou raken, inclusief het mijne.

Ik wist dat ik mijn verhaal moest vertellen in de hoop dat het anderen zou tonen dat er een totaal andere mogelijkheid in de wereld was en dat ze misschien niet zo verknipt waren als ze dachten dat ze waren.

In die tijd wist ik niet hoe dit boek dat zou bewerkstelligen, maar dat heeft het me nu zeker laten zien. Ik heb zoveel dankbaarheid ontvangen van mensen die zeggen dat ze eindelijk doorhebben wat ze hun hele leven al waarnemen en waar ze gek van werden; eindelijk rust, duidelijkheid en gemak hebben met het feit dat ze gewaar zijn van de wereld van entiteiten.

Anderen hebben me verteld dat, alleen al door het boek te lezen, hun waarneming van entiteiten enorm is toegenomen. Alsof het boek zelf een doorgang was waardoorheen ze in hun eigen kunnen stapten.

Talk To The Entities (Praten met Entiteiten) is flink volwassen geworden in de laatste vier en een half jaar en blijft zich uitbreiden, en meer en meer mensenlevens (met en zonder lichaam) raken en veranderen.

Er zijn nu wereldwijd TTTE-Facilitators die de ongelofelijk makkelijke en effectieve tools en processen van TTTE en Access Consciousness aan de mensen laten zien. Ze tonen mensen hoe ze uit hun angst en verwarring omtrent entiteiten kunnen komen en toegang kunnen krijgen tot hun diepere gewaarwording en werelden van mogelijkheden, die minder dan 50 jaar geleden gezien werden als onmogelijk of als een sprookje.

Ik weet dat ikzelf en veel van de andere TTTE-Facilitators toewerken naar een toekomst waar angst voor entiteiten tot een ver, ver verleden behoort. Waar het bijgeloof, de hysterie en de onkunde met betrekking tot de wereld van entiteiten de uitzondering zijn en niet de norm.

Ik zou het liefst een wereld zien waarin gewaar zijn van entiteiten bekend is en waar gewoon over gedaan wordt. En dat de gereedschappen van Access Consciousness en TTTE op allerlei soorten educatieplatforms gebruikt worden om mensen in hun kracht te zetten. En dat ze ook gebruikt worden in psychiatrische instellingen, om te onderwijzen in plaats van medicijnen toe te dienen.

Ik zou graag een toekomst zien waar de wereld van entiteiten uit de schaduw en in het licht komt zodat iedereen de rust en het gemak kan zien dat er zou kunnen zijn. Niet langer angstig voor de dood als het einde. Niet langer de diepe veroordeling van diegenen die de stemmen uit de wereld van entiteiten horen en niet langer het verstoppen van de sleutels tot gewaarwording die zovelen vrijheid kan en zal geven.

Als dit de eerste keer is dat je dit boek leest, hoop ik dat je ervan geniet, dat er misschien een paar lichtjes gaan branden en je een paar sleutels zult vinden om jouw eigen wereld te openen. En als je dit boek opnieuw leest, dat je die sleutels gebruikt om dieper te komen in wat jij weet?

Hoe wordt het beter en wat is er nog meer mogelijk met de tools van bewustzijn stevig in je handen?

Proloog

Daar zat ik aan een tafel in het regenwoud van Costa Rica met mijn vriendin Tonya en haar recent overleden zus. Ja, dat klopt, haar dode zus. Mijn vriendin was zichtbaar ontdaan en emotioneel; ze miste haar tweelingzus ontzettend. Tonya's zus zat daar voor mij bij ons aan tafel. Ze zat in de stoel recht tegenover mij, maar voor Tonya was ze onzichtbaar en zo ongrijpbaar als heldere lucht.

Oh, neem me niet kwalijk, sta me toe mezelf te introduceren, mijn naam is Shannon O'Hara, en ik zie dode mensen. Er zijn mensen op deze planeet die entiteiten horen, zien, met ze praten en ze erkennen. Ik ben één van die mensen. Ik heb mijn hele leven al gecommuniceerd met entiteiten. In dit boek ga ik vertellen over de tijden in mijn leven waarop dit allemaal aanvoelde als een vloek. En van daaruit zal ik vertellen hoe ik heb geleerd om dit vermogen te waarderen als de gave die het is en vertel ik over de deuren naar verandering en bewustzijn die het heeft geopend.

Dus daar zat ik met mijn vriendin Tonya en haar dode zus, trachtend mijn vriendin te troosten en te verzekeren dat haar zus niet voor eeuwig verloren was; ze was bij ons aan tafel, zat precies daar en hield haar hand vast. Alhoewel mijn vriendin dit ontzettend graag wilde geloven, was de sprong simpelweg te groot voor haar om te wagen en ik kon zien dat ik iets meer moeite moest doen om haar te helpen dit in te zien. Hoe kon ik die brug voor haar bouwen, tussen onze wereld en de geestenwereld, waar haar zus was? Zou Tonya de brug oversteken als ik die zou bouwen?

Waarom kon ik de geest van Tonya's zus wel zien en waarom kon Tonya dat niet? Ach ja, dat blijft wellicht één van de grootste mysteries van het universum. Waarom zijn sommige mensen goede zwemmers en anderen niet? Sommigen komen hier gewoon met een gave voor zwemmen, neem ik aan. Ik kwam gewoon hier met een gave voor het zien van dode mensen (en vele andere vreemde dingen -later meer daarover), of je het nu leuk vindt of niet, het is zo. Sommige mensen kunnen dit vreemd, eng of fascinerend vinden, en voor mij is het dat ook allemaal geweest. Er zijn momenten in mijn leven geweest waar ik doodsbang was voor wat ik kon zien. Op andere momenten was ik zeer gefascineerd en vereerd. Ik heb de laatste zeven jaar mensen in contact gebracht met hun overleden familieleden, ze geleerd wat entiteiten en geesten zijn en hoe ze er zelfstandig mee kunnen communiceren.

Soms is dit makkelijk, en soms kan het behoorlijk moeilijk zijn om mensen te helpen hun standpunten over leven na de dood te veranderen. Sommige mensen zijn bereid om de geestenwereld te erkennen en anderen ontkennen hevig dat deze überhaupt bestaat. Dat zijn uiteraard meestal niet de mensen die met mij komen praten.

Tonya was hier om iets van vrede te vinden met haar zus, hoe dat er dan ook uit zag. Terwijl Tonya en ik verder spraken, werd het me steeds duidelijker dat Tonya misschien wel meer interesse had om haar gevoelens van verdriet, rouw en verlies over haar zusters dood te behouden dan daadwerkelijk te erkennen en te ontvangen dat de geest, de oneindige energie van haar zus bij ons was terwijl we met elkaar spraken. Als Tonya dit zou erkennen, dan zou het de fundamenten waar ze haar realiteit op had gebouwd drastisch veranderen. Als ze zou erkennen dat haar zus daar zonder lichaam was, wat zou dat dan betekenen voor haar geloofsovertuigingen? Wat zou dit doen met de wereld zoals zij die zag?

Het enige wat ik kon doen was het medium zijn tussen Tonya en haar zus, de intermediair tussen het mogelijke en het "onmogelijke". Tonya's zus was helder en licht. Ze was gemakkelijk om mee te communiceren; dat geldt niet voor alle entiteiten. Ze had de transitie goed en met vol bewustzijn gemaakt en bundelde nu krachten met mij om haar zus te helpen enige vrede te vinden met haar heengaan.

Ik vroeg Tonya wat ze uit de sessie wilde halen en ze zei dat ze alleen wilde weten of alles goed was met haar zus. Ik heb dat concept altijd een tikkeltje ironisch gevonden. Het zijn de mensen die aan deze zijde achterblijven die lijden. Met degenen aan gene zijde gaat het grotendeels prima.

Tonya's zus vertelde me dat ze meteen na het heengaan bij Tonya was en ze vond het heel spijtig dat haar zus hier doorheen moest. Ze wilde ook dat ik Tonya zou zeggen dat ze bij haar zou blijven totdat Tonya zich beter voelde en er klaar voor was dat ze verder zou gaan. Ik moest onthouden dat ik alleen de boodschapper was. Ik kon Tonya niet de liefdevolle aanwezigheid van haar zus laten ontvangen. Ik kon haar niet dwingen te erkennen dat haar zus haar hand vasthield. Ik kon alleen de deur openen; ik kon haar er niet doorheen duwen. Dit is soms de frustrerendste kant van het medium zijn. Het liefst zou ik mijn helderheid met geesten ook aan anderen geven, zodat ze nog steeds hun dierbaren die naar de andere zijde zijn overgestoken zouden kunnen zien en met hen zouden kunnen praten. Dát zou de remedie zijn voor de pijn die mensen voelen als hun dierbaren sterven.

Maar dan moet ik weer denken aan hoeveel moeite ik had met het erkennen dat geesten werkelijk echt waren. Jawel, zelfs ik heb jaren getracht het te ontkennen en het te overstemmen. Later meer hierover.

Ik zocht een manier om Tonya met haar zus te verbinden zodat ze met haar kon communiceren als ik er niet was. Ik verlang ernaar mensen handvatten en processen te geven zodat ze het zelf kunnen doen. Ik geloof dat iedereen kan doen wat ik doe.

Ik bleef Tonya zeggen dat het met haar zus prima ging, en dat het in feite beter met haar ging dan met Tonya zelf.

Maanden later sprak ik Tonya en ze gaf me interessante feedback. Ze vertelde dat ze me ten tijde van de sessie haatte omdat ik zei dat haar zus daar was en dat zij gewoon niet bereid was dat te willen zien. Ze zei dat, naarmate de tijd verstreek, het voor haar mogelijk werd om te zien dat haar zus dáár was, precies zoals ik had aangegeven. Ze begon overal om haar heen de tekenen te zien. Tonya begon zich te realiseren dat haar emoties en gevoelens haar zus tegenhielden om met gemak tot haar door te dringen. Tonya's emoties hielden op een of andere manier tegen dat ze kon waarnemen of ontvangen wat niet met haar emoties en gevoelens overeenkwam of deze bevestigden. Als Tonya had toegestaan dat haar zus nog steeds in haar leven zou zijn maar dan zonder een lichaam, zou ze dan in staat zijn om zo sterk aan rouw en verdriet vast te houden?

Tonya realiseerde zich dat ze inderdaad niet kon vasthouden aan het verdriet, met de geest van haar zus werkelijk aan haar zijde. Ze begon te beseffen dat ze kon communiceren met haar zus, niet zoals ze dat voorheen had gedaan met woorden en gebaren, maar met energie en bewustzijn. Tonya begon eindelijk te herkennen hoe het was wanneer haar zus met haar communiceerde. Ze begon de sensaties en de sprankjes te herkennen van hoe dit aanvoelde. En langzaam, met behulp van haar zuster, begon Tonya te veranderen hoe ze dingen zag. Hiermee veranderde de verslagenheid die ze voelde over haar zusters' dood in een mogelijkheid voor een andere wereld en een andere manier van zijn. Geen grap, het onmogelijke werd mogelijk – en wat is er nog meer mogelijk?

Deel Eén
In den Beginne...

"Onze diepste angst is niet dat we ontoereikend zijn.
Onze diepste angst is dat we mateloos krachtig zijn.
Het is ons licht, niet onze duisternis, die ons beangstigt.

~ Marianne Williamson ~

Kinderen Hebben de Sleutels

Ken je die baby's die altijd ergens naar staren wat niets lijkt en wijzen naar wat niets lijkt? Ik was zo'n baby.

Mijn moeder zei altijd dat toen ik klein was, ik in mijn wieg op mijn rug lag te giechelen en koeren in mijn babytaal en met mijn handen reikte naar iets wat zij niet kon zien. Ik kon zó intens naar de ruimte om mensen hun hoofden staren dat ze zich afvroegen of er iets naast of achter hen was. Ze gingen dan om zich heen kijken om het ook te zien, maar voor hen was er niets te zien. Dat was er wel voor mij, ik keek naar de entiteiten en de energievelden om hen heen.

Waar ligt die bijna onzichtbare grens die we overgaan als kinderen? Wanneer geven we het zien op ten gunste van niet-weten?

Er waren rasters en lijnen in de lucht die golfden en flikkerden van energie, alles pulseerde van elektriciteit en kleur. Het was pas toen ik tien of elf was dat ik me realiseerde dat andere mensen niet zagen en beleefden wat ik zag; of ze spraken er in ieder geval niet over.

Als kind wist ik niet wat telepathie was, maar ik hoorde echt vaak mensen denken. Het is gek als je vijf verschillende conversaties uit iemands hoofd kunt horen komen. Eén van de conversaties komt uit de mond en de andere vier komen ergens anders vandaan. Het is best een interessant verschijnsel om te zien hoeveel verschillende standpunten iemand op een bepaald moment kan hebben. Het was als het tegelijk waarnemen van al hun levens in verleden, heden en toekomst. Ik kon ze voor me zien staan in het nu en ook in, wat ik me gaandeweg besefte, een ander leven of andere dimensie. Iemand kon voor me staan en ik kon ze in allerlei dingen zien veranderen en overgaan.

Ze zouden altijd de verschijning behouden van wie ze in het hier en nu waren, maar het is alsof je allerlei dingen ziet die over en om hen heen gelegd zijn. Het ene moment stonden ze daar, het volgende moment stond daar iemand anders en het daaropvolgende moment waren ze weer terug. Ik maak geen grapje, ik dacht dat dit was wat iedereen zag.

Ik begreep niet goed waarom mensen mij aankeken alsof ik gek of een melaatse was wanneer ik hierover wilde praten. Maar uiteindelijk kreeg ik wel door dat het niet veilig was om er met de meeste mensen over te praten. Dus ik stopte er maar mee erover te praten en uiteindelijk hield het zien en waarnemen op, want als anderen dachten dat het gek was, dan was er vast iets mis met mij, toch?

Ik kon het "slechte" zien dat mensen hadden gedaan, of ze nou slechte dingen in dit leven deden of niet. Ik kon zien wat ze hadden gedaan of wat ze zouden doen, of ze zich daar nu bewust van waren of niet. Ik kon ook zien of iemand licht en vriendelijk was en ik kon zowel licht als donker, zowel zwaar als licht, zich zien manifesteren in iemand.

Uiteindelijk realiseerde ik me, dankzij mijn stiefvader, dat ik ze in al hun verschillende incarnaties zag. Hij zat vol met allerlei soorten handige gereedschappen om te kunnen bevatten wat niet makkelijk te bevatten was.

Ik was constant vragen aan het beantwoorden die mensen in hun hoofd gesteld hadden. Ik versloeg mijn broer altijd als we psychische oefenspelletjes speelden tijdens lange autoritten. Ja, inderdaad, in plaats van "ik zie, ik zie" dacht mijn vader aan een kleur of een plaats of een vorm en wij oefenden dan in het psychisch ontvangen en doorgeven van de informatie. Ik dacht ook dat alle kinderen werden grootgebracht met het leren om plaatjes en informatie uit het hoofd van andere mensen te trekken. Er werd me nooit verteld dat het onmogelijk of verkeerd was. In feite werd ik aangemoedigd het te ontwikkelen.

Moeilijke dingen zouden later komen, toen ik als tiener probeerde erbij te horen, maar als kind was het één en al gemak en magie. Ik beschouwde het niet eens als iets magisch, het was gewoon de wondere wereld waarin ik leefde. Kinderen hebben zo'n geluk!

Mijn moeder dacht aan hoeveel ze van me hield en ik reageerde hardop "Ik hou ook van jou mamma." Ze moest er altijd erg van giechelen.

Eerder Aura's dan Boeken Kunnen Lezen

Als kind denk je nooit dat je raar of ongewoon bent. Pas als je ouder bent ga je je zorgen maken over hoe je overkomt op de rest van de wereld. Kinderen zijn tot zoveel fantastische dingen in staat die volwassenen al lang zijn vergeten, of begraven hebben om nooit meer gezien te worden.

Op een dag, toen ik zes was, vond ik een interessant boek in de bibliotheek van mijn ouders. Het had mooie plaatjes van lichamen met kleurtjes eromheen. Ik was gefascineerd. Mijn moeder gaf me de titel van het boek, want ik kon nog niet lezen, *"Handen van licht: Een gids voor helen via het menselijk energieveld"*. Aura's zijn een veld van subtiele, lichtgevende energieën om een persoon of ding heen. Je zult het vaak afgebeeld zien in religieuze kunstwerken als een stralenkrans of halo die het hoofd van een heilige of een engel omgeeft. Ik pakte gretig het boek en sprong op het bed van mijn ouders om het te bestuderen. Ik wees naar een afbeelding van een vrouw met een fel magenta licht om haar heen en zei tegen mijn moeder dat het precies op haar leek. Mijn moeder vertelde me dat het onderschrift bij de afbeelding zei; "Vrouw die net heeft gehoord over de dood van een geliefde." Mijn moeders vader was net een aantal dagen eerder heengegaan.

Ik wees naar een andere afbeelding, deze keer van een man omgeven door een slijmerige gele kleur. Ik zei tegen mijn moeder dat deze op mijn broer Adam leek. Het onderschrift luidde, "Iemand die net cocaïne heeft gesnoven". Adam was in die tijd in en uit de drugs rehabilitatie.

Op dat moment realiseerden mijn moeder en mijn stiefvader Gary zich, dat ik aura's zag. Hun vrienden lieten me hen vertellen welke kleur hun aura had en lieten me tekeningen maken. Ik vond het eindeloos amusant. Vergeet niet dat ik pas zes jaar oud was.

Ik wist wanneer mijn moeder boos thuiskwam of wanneer mijn stiefvader Gary zich zorgen maakte over geld, door de kleuren rond hun hoofden en handen. De kleuren om mensen heen veranderen naar gelang hun bui verandert.

Ik had voor mezelf geen classificatie of betekenis om te definiëren wat de kleuren die ik zag betekenden over de persoon. Ik wist gewoon hoe ze zich voelden door hun gevoelens te voelen en ik zag de kleuren en energie om hen heen veranderen en bewegen terwijl ze verschillende dingen dachten en voelden.

Soms was het moeilijk voor me om in slaap te vallen vanwege de enorme hoeveelheid paranormale activiteit waar ik gewaar van was. Mijn moeder liet me aan haar vertellen over haar aura terwijl we samen knuffelden. Omdat ik haar aura beter kon zien in een verduisterde kamer, maakte dat 'in het donker zijn' dragelijker. Zo samen met mijn moeder zijn, hielp me om te ontspannen en ik viel comfortabel in slaap. (Ik sliep in het bed van mijn ouders of op de vloer in hun kamer zolang ik ermee weg kon komen, tot ik veertien was. Hadden zij even geluk?)

Raar Opgroeien

Wist je dat de originele definitie van het Engelse woord *weird* (ofwel *raar* in het Nederlands), "van geest, lot of bestemming, deel van het bovennatuurlijke" is? Dus als je in het Engels zegt dat iets *raar* is dan zeg je eigenlijk dat het "van geest, lot of bestemming, deel van het bovennatuurlijke" is. Is dat niet raar?

Ik ben geboren in Los Angeles, Californië op een verschrikkelijk hete dag, vroeg in oktober 1979. Het was zo heet die zomer dat gedurende mijn moeders zwangerschap elk gewricht in haar lichaam opzwol tot twee keer de normale grote. Ah, het mirakel van geboorte! Ik werd geboren zonder enig verdovend middel, dankzij mijn moeders sterke wil. Ik vind dit wonderbaarlijk en ik prijs mezelf behoorlijk gelukkig.

Mijn moeder was de oudste van vier kinderen; grootgebracht volgens de traditie van Iers-Amerikaanse immigranten, haar opvoeding in het noordoosten van Pennsylvania doordrenkt met zware religie en alcohol. Als Ram had ze een vurig temperament en een sterke geest. Ze kreeg mijn oudste broer Adam toen ze twintig was, ongetrouwd en zonder steun. Terwijl ze op zoek was naar iets beters, werd haar gezegd dat in het Westen alles mogelijk was als je het doorzettingsvermogen had om het te laten slagen. Dus in de vroege jaren '70 ging ze op pad met haar eerstgeborene – mijn oudste broer. Ze maakte de reis naar het zuiden van Californië met slechts een paar dollar op zak en een baby op haar heup. Ze vond haar Mekka, zoals ze het later noemde, in Los Angeles' warme weer en het progressievere liberale milieu. Langzaam kreeg mijn moeder haar voet tussen de deur van de filmindustrie en werkte ze zich omhoog als agent voor de glitter en glamour van de beroemde-sterren-machine.

Rond die tijd ontmoette ze mijn biologische vader. Mijn vader was een moderne, rondzwervende jood. Hij was opgevoed door joodse Litouws-Poolse immigranten in het getto van Londen, Engeland. Hij had een enorme hekel aan Londen als jonge man, en vluchtte op 18-jarige leeftijd het Israëlische leger in, weg van het Londense miserabele weer en het leven van een fabriekswerker in zijn tienerjaren. Voor iemand met kenmerken van een mysticus en een kluizenaar, was de expansieve openheid van de Sinaï woestijn een welkome afwisseling na de armoede, het overbevolkte leven en het verdriet van het Londense.

En, zoals je altijd zult zien, hij vond na een kort verblijf terug in Londen, zijn weg naar een vliegtuig naar New York, waar hij een twintig-dollar ticket voor gebruikte wat hij geclaimd had via een prikbord in een kroeg. Hij kwam in Los Angeles terecht in 1977 nadat hij de New Yorkse kunstwereld en alles er tussenin had uitgeplozen. Kort daarna ontmoette hij mijn moeder. Ze kregen mij in 1979 en zijn nooit getrouwd. Ze waren gewoon het zoveelste jonge stel in Zuid-Californië dat het leven gaandeweg bedacht. Ze probeerden hun relatie te laten slagen, maar helaas, het mocht niet zo zijn. Een paar jaar na mijn geboorte gingen ze op goede voet uit elkaar en ze zijn tot de dag van vandaag vrienden gebleven.

Stiefvader

Toen ik vier was, ontmoette mijn moeder Gary, een oogverblindend knappe man die mijn stiefvader werd. Naast mijn moeder voedde hij mij op en al doende gaf hij me iets dat belangrijker was dan al het goud in de wereld: *Bewust zijn*

Gary verhuisde voor een baan van San Diego, Californië, naar het rustige kustplaatsje Santa Barbara in 1968. Santa Barbara heeft een unieke bijna niet te evenaren schoonheid met epische bergen die afdalen in de Stille Oceaan. Je kunt in een bergbeek zwemmen en binnen twintig minuten in de oceaan zwemmen waar de beek op uitkomt. Gary was een soort Renaissance man, zich specialiserend in vrijwel alles wat je maar kan verzinnen. Voor mijn moeder en mij was hij een schitterende ridder.

Toen ik vijf was, verhuisden mijn moeder, mijn broer Adam en ik met ons kleine gezin van Los Angeles naar Santa Barbara om bij Gary en mijn nieuwe stiefbroer Sky te gaan wonen.

Gary en mijn moeder hielden zich met "rare" dingen bezig. Sky en ik waren getuige van een zeer diverse vertoning van allerlei verschillende soorten dingen. Voor degenen onder jullie die niet weten wat *channeling* is, dat is wanneer een persoon zijn lichaam verlaat en er een andere entiteit in komt en spreekt. Onze ouders zaten volop in het channelen. En het was niet buitengewoon om op een donderdagmiddag thuis te komen uit school en tien tot twintig in wit geklede volwassenen op de grond aan te treffen terwijl een of andere mysticus of medicijnman iets aan het zingen was en met zijn handen in de lucht wuifde. Mijn moeder raadde me aan de Tarot te raadplegen als ik problemen had op school of met een jongen. Ik weet niet zeker of ik naïef was, maar ik dacht dat het in alle huishoudens zo was.

Mijn moeder en stiefvader waren geen hippies of mafketels. Ze hadden gewone banen en onderhielden ons kinderen allemaal met de meest modieuze kleding naar onze smaak, voorzagen ons van piano-, dans-, voetbal- en wat voor lessen we ook maar wilden. Ze hadden gewoon een andere kijk op de wereld.

Telkens als ik over iets of iemand klaagde, ging mijn moeder maar door en door over hoe het een probleem uit een vorig leven moest zijn geweest.

Sky en ik bedachten ons niet dat de dingen die onze ouders bezighielden nogal buitengewoon waren, totdat we ouder werden. Terwijl de meeste van onze vrienden naar de kerk werden meegenomen op zondag, renden Sky en ik rond door de tuin terwijl onze ouders binnen zaten te luisteren naar een dode man die sprak via een of andere blonde dame. Ik moest mijn moeder altijd smeken om mee te mogen naar de kerk met mijn kleine Mormoonse vriend. Ik vond het altijd heerlijk om de koekjes te eten die ze na de dienst serveerden.

Als we op zondagochtenden samen waren met onze ouders mochten we in de kamer zijn terwijl de presentaties bezig waren of buiten vrij rondrennen. Wat ik me het meest herinner was hoe vredig het was in de kamer terwijl mijn ouders meededen met het gebeuren, alsof de kamer gevuld was met iets tastbaars wat niet zichtbaar was. Het was alsof je alle bomen in het bos hoorde zingen – niet de blaadjes aan de bomen wuivend in de wind, maar de frequenties van de bomen zelf. Heel erg aanwezig en tegelijkertijd niet aantoonbaar. Iedere aanwezige bij deze ontmoetingen gloeide met een zacht licht, vooral degene die vooraan stond te praten: die straalde echt.

Gary en de geesten

Gary begon zelf met channelen toen ik zeven was. Hij was zelf naar veel channels geweest en avontuurlijk ingesteld, en zei zo ongeveer tegen zichzelf, "Ik zou dat graag willen doen", en het duurde niet lang of hij deed het. Hij begon door drie verschillende wezens te channelen. Je had Broeder George, een dikke vrolijke monnik, een Chinese man genaamd Dr. Lee, en Raspoetin, de gekke monnik uit Moskou.

Raspoetin was de enige die Gary channelde, die een bekend historisch figuur was. Raspoetin leefde rond het begin van de 20e eeuw in Rusland en werd gezien als een genezer, een mysticus en een profeet. Hij raakte beroemd omdat hij als enige in staat was Alexi, de jonge zoon van de tsaar en tsarina, te genezen van hemofilie. Voordat hij werd genezen door Raspoetin leed Alexi aanzienlijk en stierf hij meerdere keren bijna. Als nogal bijzonder karakter, werd Raspoetin met argwaan en oordelen bekeken, omdat hij met een onverzorgd uiterlijk en boerenmanieren verscheen. Echter, niemand kon zijn capaciteiten ontkennen toen de jonge Alexi keer op keer als bij toverslag van zijn ziekbed afkwam.

Wanneer Raspoetin, die we liefkozend Raz noemden, in Gary's lichaam kwam, sprak hij ofwel in het Russisch of Engels met een zwaar Russisch accent. Gary zelf kende geen enkel woord Russisch afgezien van *roebels* en *Stolichnaya*. Dit soort abnormale fenomenen maken channeling niet alleen heel leuk en opwindend, maar ook een lanceerplatform voor het verkennen van zoveel dat onbekend is over de bekwaamheden van mensen en de mysteries van het universum.

Als Gary channelde, veranderde zijn lichaam om de fysieke kenmerken van die verschillende entiteiten aan te nemen. Wanneer Broeder George binnenkwam, zwol Gary's lichaam tot vier keer zijn normale omvang, en wanneer hij Dr. Lee channelde, gingen zijn ogen schuin staan en werd hij slank en klein net als een oudere Aziatische man. Zonder gekheid, zijn fysieke verschijning veranderde.

Ik vermaakte me kostelijk door deze avondsessies, als ik op mocht blijven tot na mijn bedtijd. Ik hield van Dr. Lee. Hij liet de kamer altijd schitteren en hij maakte me aan het giechelen en gaf me het gevoel dat ik overal gekieteld werd. Broeder George was onstuimig en luid, en als ik in bed lag te slapen als hij in huis kwam, dan werd ik wakker van zijn vrolijke gegrinnik. Raz was als een vaderfiguur voor me, en ik voelde me altijd volledig geliefd als hij er was. Ik nam hem aan als mijn persoonlijke heilige in de jaren die volgden. Wanneer ik overstuur of bang was, vroeg ik hem energetisch om over me te waken of me te helpen. Het mag vreemd lijken dat een jong meisje de hulp inroept van een allang overleden Russische man die een notoire rokkenjager en alcoholist was geweest, maar ik zag hem niet zo. Ik kende hem in alle opzichten als een andere energie.

Raspoetin was de krachtigste van alle geesten die Gary channelde en hij was degene die bleef nadat de anderen allemaal weg waren. Raspoetin was een geweldige genezer tijdens zijn leven en als geest kwam hij in onze tijd door, om velen van ons te ondersteunen bij het vinden van een veel groter gevoel van vrede en bewustzijn.

Verstoppertje

Mijn nieuwe stiefbroer Sky en ik waren allebei in 1979 geboren. Als kinderen hadden we dezelfde lengte en hetzelfde gewicht en we leken behoorlijk op elkaar. We hadden niet meer op elkaar kunnen lijken dan als bloedverwanten. We werden vechtende beste vrienden. Wanneer we niet bezig waren elkaar verrot te slaan, waren we samen in de garage of in de achtertuin ondernemingsplannen aan het maken om duizenden dollars op te halen met het inzamelen van blik voor recycling of met het verkopen van de bloemen van de rozenstruiken van onze buren.

Op een prachtig zonnige dag nam Gary Sky en mij met hem mee naar Summerland, een plaats in de buurt, waar hij wat zaken aan het doen was. We gingen zuidwaarts langs de kust, waar het zonlicht op de oceaan schitterde en de grote ouderwetse huizen, de restaurants en antiekwinkels in de heuvels genesteld zaten. Gary stopte zijn auto voor een groot, wit, houten huis waar een antiekwinkel in zat.

Sky en ik deelden niet alleen het jaar van onze geboorte, maar ook onze sterke voorkeur om buiten te zijn en rond te rennen in plaats van binnen te wachten terwijl volwassenen hun zaken deden. Ik weet zeker dat Gary ook liever had dat we buiten waren, zodat hij zijn zaken kon doen zonder onderbreking door een stel wilde indianen.

De schoonheid van de antiquiteiten binnen ging aan ons voorbij. De buitenkant van het huis daarentegen was omringd door grote schaduwrijke bomen, struiken en een variatie van antiquiteiten die in de tuin werden tentoongesteld.

Sky en ik gingen verstoppertje doen. Nou ja, zo leuk als dat was voor Sky, het was echt een oneerlijk spel. Ik had bondgenoten die compleet zichtbaar en echt waren voor mij, maar onzichtbaar waren voor de nietsvermoedende Sky. Toen het Sky's beurt was om zich te verstoppen, was het enige dat ik hoefde te doen om hem te vinden, omhoog te kijken naar het raam op de eerste etage van de antiekwinkel waar een man verscheen die een Afrikaans masker droeg. Ik kon eigenlijk niet het lichaam van de man zien, maar het masker was er en het praatte tegen me. Ik gedroeg me naar dit wezen met het masker zoals iemand dat zou doen naar een boom. Je weet dat de boom er is, maar je gaat er niet mee in gesprek zoals met een ander persoon. Je weet altijd waar de boom is, maar de meeste mensen zijn zich er niet van bewust dat de boom iets aan het zeggen is. Ik, daarentegen, zou de stem van de boom horen, niet in woorden, maar in energie. Het wezen in het venster op de eerste etage sprak niet rechtstreeks tegen me, maar legde zijn stem in mijn gewaarwording, net alsof ik een idee kreeg of een gevoel.

Ik leek meteen te weten dat de man met het masker met ons aan het spelen was, zonder medeweten van Sky, natuurlijk. Mijn spookachtige vriend wees me de richting waar Sky heen was om zich te verstoppen. Ik hoefde niet eens binnen het gezichtsveld van de man voor het raam te zijn om de informatie te krijgen die ik nodig had. Eenmaal buiten het gezichtsveld van het raam, hoefde ik alleen maar de man te vragen waar Sky zich verstopte en hij vertelde het me. Ik hoorde dan een stem in mijn hoofd die zei "achter de struik" of "in de schuur". Ik vond Sky altijd binnen enkele ogenblikken. Het kostte hem altijd veel langer om mij te vinden. Ergens vermoed ik dat Sky geen idee had waar hij het tegen opnam terwijl hij dit spel met mij speelde.

Het Vleugelloze Vliegtuig

Dit is niet een verhaal over entiteiten, maar een verhaal over buiten deze realiteit zien. Wanneer je de poort opent naar entiteiten, open je ook de poort naar het waarnemen van allerlei buitengewone dingen. Buitenaardse wezens en hun vliegende schepen kunnen daartoe behoren.

Ik geloof in allerlei soorten leven buiten de normale status quo.

School en ik konden niet bepaald goed met elkaar overweg. Mijn arme docenten hadden het zwaar om mij zover te krijgen dat ik zou stoppen met praten, overal rond te rennen en te flirten met de jongens tijdens de lessen.

Ik had en heb wat volgens doctoren beschouwd kon worden als ernstige ADD (Attention Deficit Disorder ofwel Aandacht stoornis). Ritalin werd niet zo algemeen voorgeschreven in die dagen, maar mijn lagere school probeerde wel mijn ouders over te halen om mij eraan te krijgen. Mijn ouders weigerden; immers, ik had geen tekort aan oplettendheid (Attention Deficit), ik had gewoon toegang tot een HELEBOEL energie. Het had beter bij mij gepast de hele dag een berg op en neer te rennen dan binnen aan een bureau te zitten.

Eén leraar die ik in de vijfde klas had, ging zo ver om me aan een klein tafeltje voor mezelf te zetten omdat ik zoveel praatte en de andere leerlingen afleidde. De andere kinderen zaten in kleine eilandjes van zes en ik zat in een eilandje van één. Deze tactiek werkte echter niet; ik praatte gewoon harder om mijn stem voor de andere tafels verstaanbaar te maken. Arme leraar.

Op een dag in de derde klas, vermaakte ik me met mijn favoriete vak (naast de pauzes): de goeie oude gymles. We waren buiten op de speelplaats, wat een groot geasfalteerd terrein was dat voor de leslokalen lag. We speelden Kickball *(een soort softbal maar met een grotere bal)* en mijn positie was op het derde honk, wat ik het liefst had want dan kon ik dollen met mijn vrienden en zo luid en actief zijn als ik wilde.

Terwijl ik rond het derde honk danste en huppelde, keek ik om me heen en bemerkte ineens dat ik naar het grootste vliegtuig staarde dat ik ooit had gezien. Het was minstens zo groot als het hele speelterrein van begin tot eind, waarschijnlijk zo'n 400 meter lang. Het hele ding was zilverkleurig, had geen vleugels en geen ramen, en het vloog heel dicht bij de grond. Het leek op een reusachtige sigaar.

Ik was er totaal op gefixeerd. Terwijl ik keek, leek het de geluiden van alles om me heen te absorberen. Alhoewel ik mijn klasgenootjes nog wel kon zien, kon ik ze niet meer horen. De energie die dit ding uitzond, was voelbaar en dicht. Ik merkte ook dat niemand anders deze grote bezoeker boven onze speelplaats in de gaten had.

Ik begon te springen en te wijzen en te roepen, zodat iedereen zou kijken. Maar niemand leek me te horen of mijn opwinding te zien. Ik schreeuwde zo luid dat ik mezelf bijna een hartaanval bezorgde, maar nog steeds hoorde niemand me. Niemand anders was bewust van deze vliegende sigaar en kort daarna verdween hij net zo snel als hij verschenen was. Nu ik hier op terugkijk, realiseer ik me dat ik een UFO had gezien. Dit was niet de eerste keer dat ik een UFO zag, en het zou ook niet de laatste keer zijn.

Ik heb geen idee wat hij daar deed of waarom ik, zover ik weet, de enige was die hem scheen op te merken. Hij was ons duidelijk aan het onderzoeken, maar ik wou dat ik er een grotere bewustheid mee had gehad, zodat ik ermee had kunnen communiceren op een manier die ik had kunnen onthouden.

Het schijnt dat dit soort gebeurtenissen vaker voorkomen bij kinderen dan bij volwassenen. Ik weet niet zeker waarom dat het geval is, maar uiteindelijk lijkt het alsof we alleen zien wat we onszelf toestaan te zien. Dus, hoe wordt dan bepaald wat we onszelf toestaan te zien?

Jaren later, toen ik dertien was, las ik over geavanceerd bewustzijn en intelligentie van buitenaardse wezens. Maandenlang liet ik de Franse deuren van mijn slaapkamer open, hopende dat ze zouden komen en me mee zouden nemen, weg van alle verdriet en pijn in deze wereld. Helaas, ze kwamen nooit – althans niet waar ik mij bewust van ben.

"Jolly Old England"

Toen ik acht jaar oud was, vond mijn biologische vader het een goed idee om mij mee te nemen naar Engeland om zijn moeder en zussen te ontmoeten. Althans, ik denk dat het dat is wat er gebeurde. Het was of dat, of mijn moeder dwong hem. Tot dat punt had ik mijn vaders familie niet ontmoet.

Hij was niet terug geweest in Engeland sinds hij er midden jaren '70 vertrok. Hij had nauwelijks tot geen affiniteit met zijn geboorteplaats. Hij sprak openlijk over zijn afkeer van het Engelse weer en hij scheen vol afkeer van de cultuur waar hij vandaan kwam. En zo, bijna twintig jaar na zijn vertrek, kwam hij terug met een jonge dochter.

We verbleven bij mijn nieuwe grootmoeder in Hendon, Noord-Londen. Ze leefde in een gemeenteflat, rijen en rijen van identiek uitziende bakstenen gebouwen van vier of vijf etages hoog. Het zit er niet ver naast te stellen dat deze gebouwen deprimerend waren, verweerd en verslagen door het klimaat waar Engeland zo beroemd om is, en bewoond door een stelletje ontzettend ongelukkige mensen.

Ik bracht mijn dagen door met het verzinnen van danspasjes in de smalle hal van mijn grootmoeders flat, het op en neer sprinten in het steile trappenhuis, kijkend hoeveel treden ik in één keer naar beneden kon springen, en beneden spelend op de betonnen speelplaats die meer weg had van een plek waar iedereen zijn plezier en hoop had achtergelaten om deze te laten sterven. Het maakte mij niet uit; ik was acht en serieus ADD-er, ik had net zo goed een constructieve en leuke manier kunnen vinden om met prikkeldraad te spelen.

In mijn grootmoeders buurt was ook een oude Normandische kerk met een kerkhof dat dateert uit de elfde eeuw. Komend uit Californië had ik nog nooit iets gezien dat zo oud was. Ik werd er ongemakkelijk van. Het was mooi, maar ik vond het maar niets. Het had onzichtbare krachten die er doorheen bewogen; ik kon ze zien en ze voelen, maar ik wist niet wat ze wilden of hoe ik ermee om moest gaan. Er kropen overal entiteiten rond, en dan bedoel ik echt overal. Dit was mijn eerste bezoek aan zo'n oude plek. Het moge duidelijk zijn dat er meer entiteiten in landen van de Oude Wereld zijn ten opzichte van de Nieuwe Wereld.

Wanneer mijn vader en ik op weg naar de winkels langs het kerkhof liepen, keek ik altijd waakzaam uit mijn ooghoeken. Ik wist dat als ik voorbijging zonder alert te blijven, de geesten me zouden beschimpen en naar me uit zouden reiken om me met hun fluisterende vingers aan te raken. Het is net als weten dat er iets is, en tegelijkertijd niet weten, en wel weten, maar nog altijd niet genoeg weten om het te voelen. Klinkt dat logisch?

De begraafplaats stond vol met grafstenen die alle kanten uit stonden. In mijn ogen leek het alsof een reus met mikado stokjes had gespeeld en ze willekeurig had laten vallen. Groen- en goudkleurig korstmos groeide op de grafstenen en de teksten erop waren zo verweerd dat ze onleesbaar waren geworden.

Mijn vader vond het leuk om af en toe over de begraafplaats te slenteren want het was immers erg mooi. Het was een soort oase tussen de grijze gebouwen en de koude vochtige straten van de Londense buitenwijk. Ik kon het hem niet kwalijk nemen dat hij het mooi vond; de bomen waren oud en prachtig en heel groen. Terwijl hij over het terrein slenterde, stond ik met mijn rug tegen een boom, met uitpuilende ogen, alleen maar te wachten tot het moment dat we weg konden gaan. Als ik mijn rug niet tegen een boom hield, voelde het alsof er mensen achter me stonden. En toch, iedere keer dat ik me omdraaide om te kijken, was er niemand. De onzichtbare mensen tikten me op de schouder en fluisterden in mijn oren, wat een constante stroom van ondefinieerbare paranoia creëerde.

Het duurde niet lang voordat ik weigerde nog dicht bij de kerk of het kerkhof te komen. We verzonnen zelfs alternatieve routes naar de winkels, omdat ik zo hevig protesteerde tegen het ook maar enigszins in de nabijheid van het kerkterrein gaan.

Mijn arme vader had ons allebei veel hoofdpijn kunnen besparen als hij had geweten hoe hij met me over spoken kon praten. Als hij had geweten hoe hij met me had kunnen praten en de realiteit van mijn waarnemingen had kunnen erkennen, tjonge, wat had dat ons beiden een hoop vreemdheid bespaard.

Maar, zoals ik later ontdekte, was mijn vader net als ik toen hij jong was. Als kind zag hij ook lichaam-loze wezens, maar hem was niet geleerd hoe hij zijn gave kon gebruiken of hoe hij kon praten over of omgaan met spoken. Hij werd hard en ongevoelig als gevolg van de onwelwillendheid van andere mensen om te erkennen waar hij bewust van was. Mensen geloofden hem niet als hij sprak over wat hij zag, waardoor hij ging twijfelen aan zichzelf. Dus tegen de tijd dat ik kwam, was de deur naar de perceptie van dit soort dingen voor hem dicht en op slot en de sleutels waren verstopt op een plek die zelfs hij was vergeten.

Ziek van de Geesten

Mijn eerste reis naar Londen liet me kennis maken met veel nieuwe dingen. Ik ontmoette mijn vaders hele joodse familie, ik at gehakte lever (voor de eerste en de laatste keer) en vierde mijn eerste joodse feest. Na het ceremoniële diner werden mijn neven, nichten en ik vrijgelaten om de straten in de buurt te verkennen. Ik vond dit geweldig.

Mijn vader was grootgebracht in een traditionele joodse familie, maar had zijn religie achter zich gelaten toen hij naar de kust van Amerika reisde. Ik wist tot deze eerste reis naar Londen niet eens dat mijn vader Hebreeuws kon spreken en lezen.

Geheel onwetend, nam mijn vader mij, naast de ervaring van het ontmoeten van mijn Engelse familie, mee om historische bezienswaardigheden van Londen te bekijken. Allereerst gingen we naar de 'Tower of London'. Ik had geen idee wat deze voor me in petto zou hebben toen we mijn grootmoeders flat verlieten en ons in de stad waagden, maar echt, mijn herinneringen aan de Tower zijn niet zo liefelijk. Als kind was ik niet zo geïnteresseerd in of nieuwsgierig naar geschiedenis. Zo'n bezoek was simpelweg weer een dagje uit met mijn vader. Ik bleef gewoon bij hem tijdens alle gedoe en drukte.

Voor diegenen die het niet weten, de Tower of London was een gevangenis waar gruwelijke martelingen en executies van verschillende leden van de Koninklijke familie hebben plaatsgevonden. Naar de Tower gestuurd worden, betekende dat je een persoon van grote status was, maar het betekende ook dat je goed de pineut was. Het zou niet mijn keus voor een zonnige middag in Londen zijn geweest, maar het was niet anders.

Buiten, op de binnenplaatsen en wandelpaden, waren zoveel toeristen dat het moeilijk was om veel buitengewoons op te merken, maar als je eenmaal binnenstapt in de gebouwen van de Tower, vertellen de muren vele verhalen.

Mijn vader vertelde me kortgeleden dat, toen hij een jongen was, een vriend van hem de zoon was van de 'Hoeder van de Raven' in de Tower. De raaf is een symbool van de Engelse monarchie. Een raaf die doodging of wegvloog, betekende dat de monarchie ging vallen. Dus je kunt je voorstellen dat het in leven houden van deze vogels een taak van het allergrootste belang was. Mijn vader ging zijn kleine vriend bezoeken die daadwerkelijk in de Tower woonde. Dit was voordat de Tower een toeristische trekpleister werd. Mijn vader werd dan binnengelaten door de vestingpoorten en hij moest zonder begeleiding lopen naar waar zijn vriend en zijn vader woonden. Hij moest de brug oversteken waar in de jaren 1800 de gevangenen in kooien werden ondergedompeld om te verdrinken. Mijn vader vertelde me dat hij in volle vaart over de brug rende omdat het zo beangstigend voor hem was.

Als jongen zag hij veel geesten in die Toren, maar hij liet na zich deze informatie te herinneren op het moment dat het de grootste bijdrage zou zijn geweest, namelijk hoe met mij om te gaan tijdens mijn eerste bezoek (in dit leven) aan de Tower.

We liepen diverse van de grote stenen torens in en uit tot we bij één aankwamen die heel erg moeilijk voor me was. We kwamen bij een donkere gang met in rijen opgestelde harnassen. Ik weet nog dat ik, voordat we zelfs bij deze gang waren aangekomen, de geesten daar al voelde. Terwijl we dichterbij de gang kwamen, werd ik meer en meer nerveus en misselijk. Als ik het had gekund, dan had ik gevraagd of we meteen konden vertrekken, maar dat kon ik gewoon niet. Ik kon niets uitbrengen, want mijn mond leek stijf bevroren en ik werd energetisch meegesleept. Met mijn ogen wagenwijd open de gang in starend, werd ik meegesleurd naar een donkere plek waar geen gevoel van hoop op overleven was. Terugkijkend besef ik nu dat ik gewaar was van de gedachten en gevoelens van de geesten die veroordeeld waren daar te sterven. Hoewel de lichamen van deze veroordeelden al lang niet meer bestonden, bevolkten hun geesten nog steeds de zalen en kamers. Deze plek was vol van spoken die in een staat van rouw of ongeneselijke doodsangst opdoemden, die ze honderden jaren eerder doorgemaakt hadden.

Als dit al schokkend of moeilijk te begrijpen is, stel je dan eens voor hoe het was voor mijn achtjarige ik, bibberend in mijn laarsjes.

Ik herinner me dat ik, toen we de gang in gingen, dacht: "Dit is een heel slecht idee"

Voordat ik mijn vader zelfs kon waarschuwen dat ik in mijn broek dreigde te plassen was het al gebeurd. Mijn lichaam was totaal oncontroleerbaar. Ik kon me met moeite staande houden. Het overgeven begon terwijl mijn vader me verder de gang door sleurde. Hij probeerde me naar een plek te krijgen waar hij me schoon kon maken, maar ik maakte er een steeds grotere bende van. Voordat we er aan de andere kant van de Tower uit konden gaan, had ik mijn maag al op de stenen vloer geleegd en kunstig over de voeten van een paar gelukkige harnassen gesprenkeld.

Geschokt en lichtelijk beschaamd, pakte mijn vader me op en snelde het gebouw zo vlug mogelijk uit. Ik werd gekweld en jammerde, "Ik wil hier niet zijn."

Ik herinner me dat ik, terwijl ik door de tuin richting het uitgangshek werd gedragen, over mijn vaders schouder de raven zag die pikkend op het gazon zaten. Hiernaar starend in mijn delirium, vroeg ik me af hoe mensen met zulk verdriet konden leven. Deze plek was er vol van en ik voelde dat het me verpletterde. Hoe was het mogelijk dat iedereen het zo naar zijn zin scheen te hebben? Konden ze de moorden en het verdriet niet zien? Waarom deed niemand hier iets aan?

Ik was maar al te goed bekend met dit soort diepgewortelde emotionele reacties. Ik was in staat om de misselijkheid te onderdrukken naarmate ik ouder werd, maar het ging zich in plaats daarvan manifesteren als psychologische strijd en wangedrag. Het pure geweld en de gruwelijke aard van de sterfgevallen in de Tower in Londen veroorzaakten bij mij een gevoel van onwelzijn. Ik was niet ziek; ik nam de ziekelijkheid waar, die daar plaatsgevonden had.

Om de een of andere reden, niet afgeschrokken door ons uitstapje naar de Tower, nam mijn vader me een paar dagen later mee naar Westminster Abbey. Hier zijn meer dan 3000 mensen begraven. Onder hen de meeste koningen en koninginnen van Engeland die sinds de elfde eeuw geregeerd hebben, evenals vele grootse politici, dichters en de meest prestigieuze intellectuelen van het land.

Het is moeilijk de enormiteit van Westminster Abbey te beschrijven. Simpel gezegd: gigantisch! De Abbey is zo hoog dat de mensen die er rondlopen op mieren lijken; de Abbey is zo massief dat de rode Londense dubbeldekker-bussen uit een luciferdoosje lijken te komen.

Terwijl we de trappen naar de Westminster Abbey beklommen, voelde ik een overweldigend gevoel van angst en misselijkheid. "Jakkes," dacht ik, "niet dat weer." Een begraafplaats buiten, waar 3000 mensen begraven liggen, zou zeker intens worden, maar het feit dat graven zich binnen grote solide constructies bevonden, scheen het voor de energie moeilijker te maken om zich te verstrooien – laat staan de mate van gewichtigheid geplaatst op de mensen die in de crypten lagen. Als je alle steen zou wegen waar de Abbey van gemaakt is en je zou er een biljoen kilo aan toevoegen, dan is dat hoe het daarbinnen voor mij voelde.

Het gevoel van angst en misselijkheid werd erger naarmate ik dichter bij het graf van Mary, Koningin van Schotland kwam. Ik werd wit en groen tegelijk en trok aan mijn vaders mouw om hem te laten weten dat ik me niet goed voelde. Een minuut later was ik aan het overgeven op de vloer van de kathedraal. Daar gaan we weer!!! Ik kon geen stap meer zetten.

Ik speculeer dat het in Westminster te maken had met de gewelddadige en gruwelijke wijze waarop vele van de daar begraven mensen gestorven waren. Mary, koningin van Schotland, was immers ook geëxecuteerd; kun je je voorstellen hoe ze zich gevoeld moet hebben? Nou, ik wel, en het is genoeg om je te laten braken.

Ik verliet Engeland zonder kleerscheuren en slechts een paar pond lichter.

De Hutkoffer die Spookte

De tijd verstreek en ik ging verder met mijn leven, opgroeiend zoals alle kinderen dat doen en op een dag bracht Gary een oude houten koffer mee naar huis en zette hem in de woonkamer. Gary handelde in die tijd in antiek en hij bracht verschillende stukken mee naar huis die niet verkochten in zijn winkel, ofwel om ze te repareren, of om plaats te maken voor andere spullen. Het was rond deze tijd dat mijn ouders zich begonnen te realiseren wat er met mij en de geesten gaande was.

Het was voor hem niet ongewoon om eigenaardige dingen mee naar huis te nemen. Als antiekhandelaar was zijn smaak voor het zeer eclectische een bron van vermaak en spot voor mijn broers en mij in latere jaren. Wij verwezen naar ons huis als "Pa's museum". Gary zou sluw glimlachen en ons eraan herinneren dat deze bizarre, opzichtige voorwerpen onze erfenis vormden en dat het alles was wat we zouden krijgen.

Tot op dat moment zei ik niet veel over wat ik zag, want het betekende eigenlijk niets voor me. Ik dacht er niet aan om het te noemen, net zoals je ook niet aan iedereen vertelt dat de lucht blauw is. De lucht is gewoon blauw en iedereen weet dat, en zo dacht ik over de entiteiten; ze zijn daar en iedereen weet het.

Maar rond deze tijd begon ik het uit te spreken, want ik had het steeds moeilijker om de geestenwereld met de "echte" wereld te rijmen.

De geesten waren er en in plaats van dat ik gewoon 'fluitend' met hen om ging, begon ik te wensen dat ze er niet waren. Ik was overduidelijk de werkelijkheid met geesten van andere mensen aan het oppikken. Zonder het door te hebben, begon ik andere mensen hun vooroordelen en afkeer van geesten op te pikken. En daarmee begonnen ze dus eng te worden.

Zodra ik de koffer zag, had ik er een afkeer van. Het was niet dat ik er bang voor was; ik wilde er gewoon niet in dezelfde kamer mee zijn. Ik voelde me er heel wankelmoedig over. Als ik er dichterbij kwam, keek ik er zijdelings naar, zoals een kat zou vertragen om iets te bekijken wat een dreiging zou kunnen zijn.

Mijn slaapkamer lag aan de ene kant van de woonkamer en mijn ouders' slaapkamer en de keuken aan de andere kant. Dus telkens als ik van de ene kant van het huis naar de andere kant wilde, moest ik langs de koffer. Kalmpjes er voorbij lopen was geen optie; ik sprintte er altijd langs alsof mijn leven er vanaf hing.

Ik had me nooit gerealiseerd waarom de koffer me zo dwars zat, tot Gary me vroeg waarom ik er maar over bleef zeuren. Toen flapte ik eruit, "Er zit een gekke vrouw bovenop."

Ik had het niet volledig voor mezelf erkend, tot ik het hardop zei.

De vrouw die op de koffer zat was niet zozeer gek, ze was eerder huilerig en hysterisch. Ze bleef maar vragen waar haar bruidsjurk was.

Gary vroeg me droogjes wie ze was, en ik wist niet hoe ik die vraag moest beantwoorden.

Hij stelde voor dat ik de vrouw gewoon zou vragen wie ze was. Dus dat deed ik. Haar antwoord kwam bij me binnen alsof ik een radio ontvanger in mijn hoofd had. Daar was het; haar naam was Jenny.

Daarop ging Gary naar de telefoon en belde de dame van wie hij de koffer had gekocht om te kijken of hij er informatie over kon krijgen.

De vrouw ga hem een naam. Ze zei dat de koffer van haar tante Jessie was geweest; Jessie had haar trouwjurk in de koffer bewaard. Dit was verbijsterend! Het was niet *exact* de naam die ik had gehoord, maar het zat er heel dichtbij.

Gary vroeg of ze de trouwjurk nog had of wist waar hij was, waarbij hij voor de vrouw aan de andere kant van de lijn niet wegliet hoe en waarom hij wist dat er een trouwjurk in de koffer had gezeten. Ze leek nauwelijks op te merken dat hij informatie over de koffer had die zij hem niet gegeven had. Ze zei dat ze dacht dat Jessie's dochter de jurk had.

Nadat hij had opgehangen, zei Gary dat ik tegen Jessie moest zeggen dat haar dochter de trouwjurk had en ik stemde daarmee in. Voordat ik de gedachte volledig kon formuleren om het aan Jessie te vertellen, was ze verdwenen. Ze had de mededeling al ontvangen voordat ik hem kon overdragen met mijn gedachten, laat staan met mijn mond. Dit was zo'n beetje de eerste keer dat ik me realiseerde hoe snel communiceren met entiteiten kon zijn. In plaats van er een heel gesprek over te moeten hebben, had Jessie het hele plaatje al zo snel ontvangen als ik het kon verwerken. Ze had mijn gedachte al gehoord voordat ik me zelfs maar realiseerde dat ik een gedachte had. Denken is zo'n langzaam proces; weten en ontvangen zijn sneller dan bliksem.

Met Gary's hulp bevrijdde ik mijn eerste entiteit door alleen maar te luisteren en het simpele antwoord op haar vraag te geven.

Ik weet niet waarom Jessie niet wist waar haar trouwjurk was en waarom Gary en ik al het werk moesten doen om hem te vinden. Je zou denken dat een entiteit alwetend is of in staat om meer informatie te verkrijgen dan wij aan deze zijde, maar dit is simpelweg niet het geval; dat was mijn eerste ervaring met die realiteit. Dat ze geen lichaam meer hebben, betekent niet dat ze meer kunnen of meer zien dan wij aan deze zijde. Entiteiten kunnen verdwaald en verward zijn, net als mensen.

Goddank voor Gary en deze mogelijkheid, want anders had ik gemakkelijk het gekke kind kunnen worden, dat hysterisch wordt van meubilair. Het kwam zo uit dat de paden van Jessie, die bovenop de koffer zat, en mij elkaar kruisten en we elkaar hielpen. Ik hielp haar zich te realiseren dat ze niet voor eeuwig bovenop een koffer hoefde te zitten, zich afvragend waar haar trouwjurk was gebleven, en zij hielp mij om echt duidelijk te krijgen dat ik inderdaad écht entiteiten zag en hoorde, alhoewel ik dit nog jarenlang niet volledig zou toegeven.

Kort na deze clearing (het vertrek van Jessie) wist Gary de koffer voor een goede prijs te verkopen, nadat hij hem al die tijd dat hij hem in zijn bezit had -meer dan anderhalf jaar-, niet kon verkopen. Wie zou nou iets willen kopen, hoe mooi ook, waar een gekke entiteit op zat? Mensen konden Jessie niet zien, maar ze konden wel iets voelen dat hen bij de kist vandaan dreef, ook al konden ze niet achterhalen wat dat was.

Drugs en Alcohol

Mijn oudere broer Adam was elf toen ik werd geboren. Een jaar later, op twaalfjarige leeftijd, gebruikte hij al harddrugs. Adam liep rond twaalfjarige leeftijd in feite van huis weg om zichzelf op straat in Los Angeles op te voeden.

Ik groeide niet op met Adam in huis. Mijn relatie met hem bestond eruit hem af en toe te zien, meer als een verre neef dan als een broer. Als hij er was, was het bitterzoet en van korte duur. Ik hield wanhopig van hem, maar hij kon geen rust vinden ondanks alles wat mensen voor hem probeerden te doen. Gedurende zijn tienerjaren zat hij af en aan in afkickcentra voor drugs, jeugddetentie en uiteindelijk in de gevangenis.

Waarom koos Adam hiervoor? Naast zijn eigen keus, denk ik dat hij werd gekweld door geesten en demonen die hem nooit met rust lieten en zijn drugsgebruik in stand hielden. Hoe meer drugs hij gebruikte, des te meer geesten hij binnen liet.

Veel mensen die zeer gewaar zijn, gebruiken drugs en alcohol om buiten te sluiten wat ze waarnemen. Alsof drugs de stemmen in hun hoofd of de psychische informatie die ze opvangen van mensen, zullen elimineren. Ze zoeken en vinden manieren om de gewaarwordingen die ze hebben niet te hebben.

Ik gebruikte zelf ook drugs toen ik een tiener was, vaak uit nieuwsgierigheid en ook om mijn waarnemingen van entiteiten tegen te houden. Natuurlijk werkte dit niet; het maakte het alleen maar erger. Je kunt een talent of capaciteit niet uitzetten of laten verdwijnen; je kunt jezelf er alleen onbewust van maken. Het wegstoppen en onderdrukken creëert alleen de illusie dat het er niet is. Het lijkt te werken, maar waar je het ook verstopt, het zal zich uiteindelijk naar buiten forceren en zich op allerlei vreemde manieren manifesteren. Voor mij resulteerde het verstoppen ervan in veel heftige emoties en woede.

Ik deelde mijn kamer met Adam als hij terugkwam bij de familie na, wat leek, jaren weg of vermist te zijn geweest. Die nachten dat ik mijn kamer deelde met hem waren vaak vervuld van nachtmerries over demonen en verschrikking. Ik werd badend in het zweet wakker terwijl mijn broodmagere broer in diepe slaap naast me lag. In die tijd, toen we allebei jonger waren, had hij een grote tatoeage op zijn rug van een demonische man met vleugels als een draak en het hoofd van een boosaardige geest, zoals de schepselen op Iron Maiden albums. Hij heeft het sindsdien bedekt met een smaakvoller Japans motief. Echter in die dagen staarde de geest op zijn rug me aan en ik was verlamd door de kracht ervan. Ik kan me alleen maar voorstellen hoe Adam zich gevoeld moet hebben met al deze geesten in zijn leven (eigenlijk wist ik wel hoe dat voelde – als een hel). Adam vroeg nooit om hulp en we zagen allemaal mijn mooie broer verdwijnen. Hij werd vervangen door een boos, gewelddadig, gekweld wezen dat hem tot dieptepunten dreef die ik nooit zal kennen en me niet wens voor te stellen.

Adam zou mijn eerste ervaring zijn in het omgaan met gewelddadige, duistere entiteiten. Het laat mij niet minder van hem houden of meer over hem oordelen. De ervaring met mijn broer gaf me de mogelijkheid om te zien wat drugs en alcohol kunnen doen met een persoon en wat ze ermee uitnodigen. Het ene moment was Adam er en het volgende staarde er een ander wezen door zijn ogen.

Ik kende het verschil tussen hem en de geesten, maar ik weet niet zeker of hij dat wist. Ik vermoed dat hij de familie verliet om ons geen last te laten hebben van of bloot te stellen aan zijn demonen. Hij liet zijn leven door hen bepalen en ik vermoed dat hij dat fijn vond, anders zou hij dat niet gekozen hebben.

Een demon is een entiteit die over het algemeen beschreven kan worden als een boosaardige geest; echter, het woord demon was oorspronkelijk daemon, dat een Latijns woord is geworden vanuit het Grieks. Een daemon is een goede of slechte geest of een onduidelijke geest of simpelweg een geest. De negatieve bijbetekenis van demonen kwam later pas, toen het Christendom zich verspreidde. Een Daemon bestond tussen de mensen en de goden in de Griekse mythologie. Vaak waren het de geesten van dode helden. Zoals zoveel dingen zijn de oorspronkelijke betekenis en de definitie van het woord door de tijd heen verloren gegaan en verdraaid.

Ik denk dat demonen in werkelijkheid hetgeen zijn wat mensen gebruiken om hun eigen keuzes en onbewustheid te rechtvaardigen. Natuurlijk kunnen geesten mensen beïnvloeden net zoals mensen geesten kunnen beïnvloeden. Maar de keuzes die mensen maken en de acties die ze ondernemen blijven hun keuzes. Zeggen dat ze bezeten zijn door geesten of dat ze demonen hebben, is volledig de eigen verantwoordelijkheid ontduiken.

Niettemin, gebruik van alcohol en drugs kan en zal bij een persoon het soort entiteiten aantrekken dat graag in de buurt van de energie van alcohol en drugs is. Het kan de geest zijn van iemand die een overdosis drugs heeft genomen of een alcoholist was. Ze hebben geen lichaam meer, maar ze hebben er alle belang bij om drugs en alcohol te gebruiken. Om die reden zullen ze een lichaam vinden waar ze drugs en alcohol door kunnen gebruiken.

Ik breng dit verhaal naar voren om te illustreren wat drugs en alcohol met een persoon en met een leven kunnen doen. Het gebruik van drugs en alcohol opent je voor on-bewuste en anti-bewuste entiteiten. Met 'drugs' bedoel ik recreatieve en farmaceutische verdovende middelen. Met alcohol, bedoel ik het consumeren van genoeg alcohol om je onbewust en niet-aanwezig te maken.

Iedere keer dat je kiest voor drugs of alcohol, sluit je de kanalen waardoor het universum jou kan gidsen en voor je kan zorgen, af. Tegelijk komt ook een groot aantal onbewuste en anti-bewuste entiteiten mee, die niet het beste met jou voor hebben.

Dit is waarom het kan lijken of sommige mensen schaduwen om zich heen hebben of griezelig lijken te zijn. De persoon is niet griezelig; de entiteiten om hen heen creëren die vibratie.

Als je iemand kent die stevig drinkt of stevig drugs gebruikt en er, hoe hard hij het ook probeert, niet mee kan stoppen, dan is er een grote kans dat entiteiten zich aan hen vastgeklampt hebben die drugs of alcohol willen gebruiken. De entiteit stuurt continu berichten aan het lichaam van die persoon om drank of drugs te gebruiken. Het is niet de persoon die wil drinken – het is de entiteit. Klaar (clear) de entiteit en de persoon zal veel makkelijker kunnen stoppen.

Iemand die al langere tijd drinkt of drugs gebruikt, kan letterlijk duizenden entiteiten aan zich vast hebben zitten. Deze entiteiten kunnen geklaard worden, maar deze persoon kan ze gemakkelijk terughalen of meer aantrekken als hij doorgaat met het maken van onbewuste keuzes.

Sommige mensen vinden hun on-bewuste entiteiten fijn; de entiteiten voelen bekend en comfortabel aan. Als je de entiteiten door ze te klaren of op een andere wijze weghaalt, kan de persoon zich oncomfortabel en alleen voelen. Een keus is een keus. Jij kunt denken dat die persoon beter af is zonder drugs, alcohol en geesten, maar die persoon zou het gewoonweg niet met je eens kunnen zijn.

De Overgangsriten

Hoe zou de wereld zijn als we allemaal in staat gesteld zouden worden om zo groots te zijn als we zouden willen zijn en ons verteld zou worden dat we niet goed of fout zijn, maar eerder grandiozer dan in onze wildste dromen?

Ik heb vaak diepgaand de wereld van een tiener overpeinsd. Tieners hebben nog steeds de sleutels naar de kindertijd en belichamen de aanstaande kracht van volwassenheid. Ze zijn vol van de energie van de jeugd en ze beginnen de regels van deze wereld te begrijpen. Sommige tieners gaan hiermee met groot gemak om en genieten van hun 'meerderjarig worden', terwijl anderen ermee worstelen.

Ik geloof dat tieners tot de machtigste mensen op de planeet horen. Een tiener die in zijn kracht staat, is een macht om rekening mee te houden. Ze zijn nog niet volledig gezwicht voor de beperkingen van deze realiteit. Een tiener die *niet* in zijn kracht staat, is ook een macht om rekening mee te houden, hoewel het een destructievere en onaangenamere macht kan zijn.

Als je een enquête zou afnemen over hoe mensen zich hun tienerjaren herinneren, zou je veel gemengde reacties ontvangen. Voor mij was een tiener zijn ongeveer zoiets als de hel. Als ik dat stuk van mijn leven gewoon over had kunnen slaan, dan had ik het gedaan.

De middelbare school was een marteling, evenals geestdodend saai. Ze leerden me gewoon niet de dingen die me interesseerden of voor mij van belang waren.

Een vreemde abnormaliteit deed zich bij me voor toen ik mijn tienerjaren in ging. Gaandeweg mijn dertiende en veertiende jaar, begon ik het steeds moeilijker in het leven te krijgen, zoals tieners dat vaak hebben. Er waren sterke, vreemde gevoelens in mij die ik niet begreep of in twijfel trok. Ik werd gewoon langzaam steeds norser en ellendiger. Ook begreep ik toen eigenlijk niet hoe anders mijn familie was, en helemaal niet hoe anders ik zelf was. Ik zou de komende tien jaar besteden aan het 'proberen erbij te horen', zonder te beseffen dat ik dat aan het proberen was.

Hoewel Gary wekelijkse channeling-bijeenkomsten hield waarbij mensen naar het huis kwamen en in een verduisterde kamer zaten terwijl Raspoetin via Gary sprak, liet ik de buitenwereld niet weten dat ik entiteiten zag en hoorde. Dat was iets waar wat mij betreft mijn ouders zich mee bezig hielden. Ik had niet echt een mening over wat mijn ouders deden en waar ze zich mee bezig hielden, maar ik neigde er snel naar wat mijn vrienden van mij dachten belangrijk te vinden. Ik wilde gewoon cool zijn en aardig gevonden worden.

Ik liep niet te koop of deelde met vrienden wat Gary deed, het was gewoon niet iets waar ik het over wilde hebben. Ik was er nooit op tegen, ik wilde gewoon niet omgaan met de oordelen en bedenkingen van andere mensen over dat waar mijn ouders zich mee bezighielden. En welke tiener wordt nou niet door zijn ouders in dodelijke verlegenheid gebracht?

Ik deed mijn best om al mijn bovennatuurlijke waarnemingen te blokkeren en tegen de tijd dat ik vijftien was, dacht ik in net zo'n wereld te leven als ieder ander. Het enige struikelblok was dat ik steeds bozer en steeds depressiever werd. Mijn ouders probeerden me op alle manieren die ik toeliet te helpen, maar koppig als ik was, wilde ik niet naar ze luisteren of ook maar iets van hun hulp ontvangen.

Ik kan nu terugkijken met gewaar zijn en zien dat de woede en depressie een gevolg waren van mijn weerstand tegen en ontkenning van het horen van de stemmen van de doden. Vechten tegen de percepties vervormde ze gewoon in sterke gevoelens. Het was makkelijker om te zeggen dat ik overstuur was dan te zeggen dat ik met dode mensen sprak. Ik loog tegen mezelf over wie ik was en wat écht was voor mij. Ik kon mijn waarnemingen niet inpassen in de wereld waarin ik dacht te leven. Ik wilde niet zo'n zonderling zijn.

Ik had in mijn tienertijd meegekregen, dat de wereld in z'n algemeen mensen die met geesten spraken, niet openlijk accepteerde. Wanneer ik iemand sprak over het feit dat ik geesten zag en hoorde, kon ik sterk veroordeeld worden en wanneer ik in een andere tijd of in een ander land had geleefd, had ik als een heks gepijnigd of opgejaagd kunnen worden.

Op de middelbare school volg je 'Wiskunde' en niet de basisbeginselen van 'Het begrijpen van Psychische Energie' en 'Communiceren met Entiteiten'. Dat laatste zou voor mij een stuk handiger zijn geweest. Wie heeft behoefte aan de 'Stelling van Pythagoras' als de onvoltooide zaken van dode mensen dag en nacht door je hoofd spoken? Ik had wel op Hogwarts willen zitten.

De enige les die ik enigszins leuk vond was kunst. Ik was zo chagrijnig en boos tijdens mijn tienerjaren en ik dacht dat ik iedereen zo erg haatte, dat vrienden maken niet hoog op mijn prioriteitenlijst stond. Vreemd genoeg waren mijn twee beste vrienden op de middelbare school wedergeboren christenen; ik weet het, ironisch. Ze waren enorm betrokken bij hun families en de kerk, maar om de een of andere reden botste dat nooit met ons kleine bonte groepje. Het kon ons niet echt schelen hoe ieders thuisleven er uitzag en bij hen zijn was voor mij gemakkelijk. We waren allemaal kunstgekken en konden het net zo goed met elkaar vinden als drie zonderlinge, boze, introverte tieners dat konden. Ik zag hun ouders nauwelijks, wat wel vreemd is, want we brachten bijna ieder uur van de dag met elkaar door.

We gingen nooit naar schoolfeesten of plechtigheden en ik was niet eens bij mijn eigen diplomering. Ik trok het niet in de buurt te zijn van de meeste mensen, laat staan als het grote groepen betrof. Ik veroordeelde mezelf er verschrikkelijk om. Mezelf asociaal noemen zou een understatement zijn. Ik trok me terug naar plekken ver weg in mijn hoofd en hield mijn adem in, hopend en wachtend tot het leven aan me voorbij ging en over was.

Mijn stiefbroer Sky en ik hadden samen in dezelfde klas gezeten sinds de tweede, maar tegen de tijd dat we in de elfde groep zaten, verscheen hij steeds minder vaak op school. Uiteindelijk, op een dag, verscheen hij helemaal niet meer. Ik had hem met liefde willen volgen, maar ik kwam er lang niet zo makkelijk mee weg. Sky woonde bij zijn moeder thuis, en zij liet hem zo ongeveer alles doen wat hij zelf wilde. In die tijd woonde ik met Gary bij mijn moeder thuis en zij wilde er niets van horen dat ik van school af zou gaan. Dus bleef ik op school uit angst voor de toorn van mijn moeder.

Om school af te kunnen maken, dreef ik in mijn hoofd af naar Niemandsland. Ik was steeds minder present om (vergeef me het drama) de lijdensweg te vermijden van het dag in dag uit dingen moeten doen die niets met mij als wezen te maken hadden, maar er slechts toe dienden mij in een soort robot te veranderen, die dezelfde antwoorden gaf als alle anderen.

Mijn typische gedrag bestond afwisselend uit verlammende aanvallen van verdriet en wilde maniakale vreugde, geaccentueerd met uitbarstingen van agressie en woede. Als ik een psychiater geraadpleegd zou hebben, dan was ik vast en zeker gediagnosticeerd met een bipolaire stoornis, maar dat kon niet verklaren wat er in die tijd gaande was, zoals ik nu weet.

Ik had waar ik met humor naar refereerde als "Paranormale Tourette". Als iemand in mijn buurt een bepaald gevoel van woede of verdriet aan het onderdrukken was, dan deed ik hem of haar het plezier om het voor ze te uiten! Was dat niet aardig van me? Het eindresultaat was dat ik een hopeloos geval leek. Al die tijd dacht ik dat er iets mis met me was, omdat ik geen enkele van 'mijn' gevoelens onder controle kon krijgen. Dus ik deed wat elke andere overgevoelige tiener zou doen die stemmen van de doden hoort, ik nam mijn toevlucht tot drugs. De drugs schakelden de stemmen tijdelijk uit en maakten al de zwaarte lichter. Ze lieten me een wereld zien waarin magie toch weleens mogelijk zou kunnen zijn.

Ik wil niet suggereren of ervoor pleiten dat drugs enige vorm van oplossing of antwoord zijn. Gewaar zijn is een echte high. Drugs zijn een kunstmatige, nep high, die je vaker wel dan niet, meer verloren achterlaat dan je begon. Het kan er ook voor zorgen dat een persoon meer entiteiten aantrekt, zoals ik al eerder constateerde bij mijn oudste broer. Ze lijken leuk, maar de schade die ze iemand kunnen berokkenen, is zelden de tijdelijke high waard die ze opleveren.

Ik ben in een roes afgestudeerd aan de middelbare school en aan het eind van die zomer verhuisde ik naar New York City om in Brooklyn naar de kunstopleiding te gaan. Stel je voor, de kleine paranormale zeventienjarige ik, losgelaten op de straten van New York City. Ik geloof niet dat ik ook maar één moment van mijn tijd in New York niet stoned was van iets; het is een wonder dat ik steeds mijn weg naar huis vond. Ik leek het gewicht van wat ik ervoer in de wereld gewoon niet te kunnen dragen. Iedereen in de ondergrondse was zo verdrietig of boos dat ik dacht dood te zullen gaan als ik ermee geconfronteerd zou worden. Ik trok me veel liever terug in mijn door drugs opgewekte verbeelding, waar alles in alle opzichten beter was.

Ironisch genoeg begon ik me juist gedurende deze tijd open te stellen voor de mogelijkheid om steeds meer werk met Gary te doen.

Access

Op een dag in 1991, ik was ongeveer elf, kreeg Gary een telefoontje van een cliënt die in New York woonde. Deze man vroeg Gary of hij over wilde vliegen om een channel-geleide massage te doen. Gary vroeg hem, "Hoeveel krijg ik betaald en moet ik je aanraken?" Ik weet niet zeker hoeveel geld ermee gemoeid was, maar de cliënt verzekerde Gary dat hij de massage niet zou geven; hij zou het channelen doen en de massage therapeut instructies geven. Gary stemde in en vloog naar New York. Het was tijdens deze sessie dat de eerste tools van Access Consciousness gechanneld werden. Access zou Gary's levenswerk worden en mij de ruimte bieden om te zijn wie ik vandaag de dag ben.

Het was 1992, op een warme zomernacht in de garage studio achter het huis in Santa Barbara. Gary channelde de eerste cursus van Access. Vier mensen woonden die eerste cursus bij. Het materiaal uit de eerste cursussen is het fundamentele gereedschap van Access geworden.

Na het channelen luisterde Gary naar de opnames van de lessen om zelf de processen en informatie te leren. Dat was, zo legde Gary uit, omdat het tijdens het channelen voelde alsof hij ergens in een lange gang, ver van zijn lichaam vandaan stond. In het begin wist hij zich vaak niet te herinneren wat hij had gechanneld in de sessies. Dit veranderde op den duur, maar in het begin kon hij zich niet veel herinneren.

Het eerste waar Gary over begon te praten toen hij channelde, was iets dat De Bars heette. Het hands-on proces genaamd De Bars maakt gebruik van een lichte aanraking op het hoofd, om contact te maken met verschillende punten die overeenkomen met de verschillende aspecten van iemands leven. Er zijn bijvoorbeeld punten voor vreugde, verdriet, lichaam en seksualiteit, gewaarwording, vriendelijkheid, dankbaarheid, vrede en kalmte. Er is zelfs een geld-bar. Ze heten bars ('banen') omdat ze letterlijk van de ene kant van het hoofd naar de andere lopen. Door zachtjes deze punten vast te houden, laten we alle verzamelde gedachten, gevoelens, emoties, overwegingen en oordelen los, die we met dit aspect hebben. Eén Bars sessie maakt 5000 tot 10000 jaren aan overwegingen los. Kun je je voorstellen hoe dat is?

Nou, laat me je dit zeggen, je voelt je verdomd veel lichter wanneer je opstaat! Er verdwijnt rommel waarvan je niet eens wist dat je er last van had, totdat het er niet meer is. In essentie, creëert het een heleboel meer duidelijkheid en uiteindelijk bewustzijn.

Onze vingers op deze bars houden, bevrijdt ons van de elektromagnetische component die we in ons energieveld genereren wanneer we ons rot of verdrietig voelden of een oordeel hebben. De wetenschap vertelt ons nu dat we onze hersenen letterlijk hardware-matig programmeren door herhaaldelijk dezelfde gedachte of ervaring te hebben. Tegen de tijd dat we vijf of zes zijn hebben we nog maar weinig ruimte over voor verandering: we hebben de bedrading van onze hersenen vastgelegd. Dit worden neuro-synaptische paden genoemd.

Eerst wist ik niet wat ik moest denken van wat er gebeurde tijdens of na deze bars sessies, maar hoe meer ik het deed, hoe meer ik gewaar werd van de drastische verandering die in mijn persoonlijkheid en in mijn leven plaatsvond. Ik begon me lichter en vrolijker te voelen. Ik voelde me meer op mijn gemak bij anderen en ik wist dat het ook gemakkelijker was voor anderen om in mijn buurt te zijn.

Ik was in diepe slaap tijdens mijn eerste sessie, of wat ik toen dacht dat slaap was. Dit was niet echt het soort slaap dat 's nachts in bed gebeurt; dit was een soort van ruime, dromerige plek waar ik alles kon horen wat om me heen gaande was. Mijn lichaam was in een diepe staat van ontspanning die ik vergeleek met slaap omdat ik nog nooit zoiets had gevoeld.

Toen ik terugkeerde bij mijn lijf van waar ik dan ook was, lag ik op de massagetafel; Gary was klaar met channelen en hij glimlachte naar me. Ik probeerde me te bewegen maar ik kon niet overeind komen. Mijn lichaam wilde zich niet verroeren, en dus lag ik daar, voor wat eeuwen leek te duren, terwijl ik weer in deze realiteit belandde. Toen ik eindelijk op kon staan, viel ik bijna voorover toen mijn voeten de grond raakten. Alles in mijn lichaam was verschoven; mijn proprioceptie (of: kinesthesie) was veranderd. Ik was nog niet gewend aan mijn nieuwe lichaam. Alles was vele malen lichter; in feite was ik duizelig en licht in mijn hoofd. Ik wist niet wat ik met mezelf aan moest in deze staat, excuseerde me en stommelde naar mijn bed.

Dit was op twaalfjarige leeftijd. Het was pas toen ik zag wat voor dynamische verandering het bij Gary teweegbracht en totdat ikzelf wanhopig genoeg was, dat ik echt geïnteresseerd raakte. Access bleek een wonder te zijn, waarvan ik me niet eens realiseerde dat ik erom vroeg.

In 1998, toen ik in New York woonde, kwam Gary naar de stad om een stand te bemannen op een van die beurzen rond gezondheid, wellness en spiritualiteit. Ik kwam langs voor een bezoekje. Hij was met een paar andere mensen bars aan het geven en introduceerde Access bij mensen. Hij nodigde me uit om op de tafel te komen liggen om mijn bars te laten lopen en al snel welden er tranen in mij op en was ik aan het huilen. Voordat ik het wist was ik vervolgens hevig aan het snikken en kon ik niet stoppen, hoe beschaamd ik me ook voelde. Het kwam gewoon uit het niets op en ik kon het niet inhouden. Gary liet al die tijd mijn bars lopen en zei me dat het oké was en het er gewoon uit te laten komen, en dus deed ik dat. Uiteindelijk ging het over en voltooide Gary de bars-sessie. Ik ging rechtop zitten en voelde me lichter en helderder dan ik me, in wat jaren leek, had gevoeld. Ik had niet eens in de gaten gehad hoe zwaar ik me had gevoeld, totdat het allemaal verdwenen was, wat 'het' dan ook was.

Nadat ik mezelf bij elkaar had geraapt en iedereen, en Gary in het bijzonder, een knuffel had gegeven, ging ik richting de ondergrondse om naar mijn huis aan de Upper West Side te gaan, want ik had de volgende morgen een cursus. De beurs was in "34th Street"; voor degenen onder jullie die New York niet kennen, één van de drukste straten van Manhattan. Ik liep de deur van het gebouw uit en vervolgde mijn weg langs het huizenblok naar de metrohalte, maar onderweg viel me een vrouw op, die aan de rand van de brede stoep, bij de weg stond. Ze boog over iets heen en toen ik het kon bekijken, was ik een beetje overweldigd. Daar, in het midden van Manhattan in 34th Street, lag een chequeboekje op de grond waar een heleboel honderd-dollar biljetten uitstaken. Zodra ik registreerde wat ik zag, keek de vooroverbuigende vrouw naar me op met vragende ogen. Ik liep naar haar toe en we stonden er allebei alleen maar naar te staren. Het viel de honderden mensen op straat niet eens op. New

York is daarin grappig; zoveel mensen, en toch ziet niemand iets. Je kon op straat dood liggen gaan en de mensen zouden gewoon over je heen stappen.

De vrouw keek me aan en zei dat ze er bang voor was en dat ik het moest regelen; dat zei ze letterlijk. En daarmee liep ze gewoon weg. Ik hou je niet voor de gek; ze zei dat ze er bang van was. Ik dacht, "Shit, ik pak het wel!" Ik veegde alles bij elkaar, stopte het in mijn tas en haastte me naar de metro, in de hoop dat er niemand achter me aan zou komen.

Ik redde het naar huis, en de veiligheid van mijn kamer, sloot de deur en haalde het contante geld tevoorschijn om mijn vondst te bekijken. Ik telde het voor de eerste keer: het was 800 dollar.

Wat was het geval, het geld zat in een chequeboekje en zie daar, de naam en het adres van de vrouw, maar geen telefoonnummer.

Ze woonde in Vermont. Ik overdacht mijn twee opties. Ik kon het geld voor mezelf houden, maar ik wist dat ik er onder zulke omstandigheden niet echt plezier van zou hebben, of ik kon het teruggeven. Ik besloot een brief te schrijven naar het adres, om daarmee te laten weten dat ik het geld gevonden had en dat, als ik binnen drie weken niets van haar zou horen, ik het dan zou houden. Als ik wel iets zou horen, dan zou ik het haar toesturen.

Twee weken later ging mijn coole babyblauwe retro telefoon en daar was ze, Miss Vermont, uitgelaten verklarend hoe geweldig het was dat ik het gevonden had, en hoe ik haar geloof in het menselijk ras had hernieuwd, door aan te bieden het terug te geven. Ik dacht, nou, dat is een behoorlijk goeie beloning, de hernieuwing van geloof. Ze zei me dat ik tweehonderd dollar kon houden als bedankje, wat ironisch was, want ik had al precies tweehonderd dollar uitgegeven aan wiet.

Een paar weken later had ik een afspraak met een van de vrouwen die bij Gary Access aan het leren was. Ze was er die avond op de spirituele beurs bij geweest. Ze was Shiatsu therapeute en ik zou een behandeling krijgen. Zoals het toeval het wilde, kwam het erop neer dat ze Access met me deed en dat was fijn. Ik verliet haar kantoor veel lichter en ruimer. Ik nam de lift naar de begane grond en toen de deuren naar de lobby opengingen stond er een schoonmaakkar tegenover me met een enorme doorzichtige vuilniszak vol met vuilnis erop. Ik wilde er net omheen stappen toen ik iets opmerkte, een biljet van twintig dollar staarde me van onder uit de zak aan. Ik dacht, "Hé, hallo daar" en prikte met mijn vinger een klein gaatje in de zak, redde het biljet van twintig dollar en vervolgde mijn weg.

Ik realiseerde me pas jaren later dat deze geld vondsten de directe resultaten waren van Access en mijn bereidheid meer te ontvangen van het universum. Het gebruik van de tools van Access veranderde iets in me en dingen verschenen alsof het magie was. Gary zegt vaak, "Je hebt geen geldprobleem, je hebt een probleem met ontvangen. Wees bereid om meer te ontvangen en het geld zal een bijproduct zijn."

Dingen begonnen voor mij te veranderen en het was een kwestie van tijd voor ik me volledig bewust werd van de reikwijdte van de mogelijkheden en mijn vaardigheden met entiteiten.

Tegen het einde van mijn eerste schooljaar in New York, besloot ik terug naar huis te verhuizen. Er is een drastisch verschil tussen de west- en oostkust van de Verenigde Staten. Ik miste mijn familie en het Californische weer. Ik besloot over te stappen naar een kunstacademie in Californië. Ik verhuisde naar Oakland, wat aan de andere kant van de baai bij San Francisco ligt, om me te herenigen met mijn vrienden uit Santa Barbara die ook in Oakland naar school gingen. Ik herinner me dat ik moest huilen toen ik uit het raam keek van het kleine vliegtuig dat me naar huis in Santa Barbara vloog. Om te landen in Santa Barbara vlieg je over de oceaan en deze was stralend, blauw en schitterde. Ik had de schoonheid van de zon en de zee van Californië gemist. Ik ging op school in Oakland en ik verhuisde daarheen om de kunstacademie nog één kans te geven.

Tegen deze tijd zat ik steeds regelmatiger aan de telefoon met Gary om hem om hulp te vragen met mijn leven. Ik begon echt te merken dat Access werkte, omdat ik Gary compleet hysterisch kon bellen en een paar momenten later weer totaal gekalmeerd kon zijn. Als ik ophing kon ik me al nauwelijks meer herinneren waar ik eigenlijk zo van streek van was.

Ik koos ervoor van de kunstacademie af te gaan en voltijds Access te gaan volgen. Mijn moeder vond het vreselijk, maar Gary stond me toe die keuze te maken. Ik wist dat ik het moest doen. De kunstacademie was leuk in die zin dat je al jouw tijd kon spenderen aan kunst maken, maar het moeilijke gedeelte voor mij was, dat het op een eeuwigdurend feest leek. Sommigen vinden dit misschien geweldig klinken, maar hoe bewuster ik werd, des te moeilijker het voor mij was om in de buurt van alle drugs en alcohol te zijn. Kunstenaars feesten harder en gaan naar vreemdere plaatsen in hun levens en hun gedachten dan ieder ander die ik ken. Naarmate ik steeds bewuster werd, kwam ik er ook achter dat ik geen echte connectie met iemand van school had, en dat niemand een echte connectie met een ander had. Ik ervoer de connectie waar ik zo naar verlangde met de mensen die ik in Access ontmoette. Ik voelde me totaal verzorgd en niet veroordeeld, plus, hoe meer Access cursussen ik deed, des te vrolijker en gemakkelijker alles werd.

Ik verhuisde van Oakland terug naar Santa Barbara, nam een appartement en begon les te geven aan al mijn vrienden en alle anderen die geïnteresseerd waren in hoe je bars geeft en Access gebruikt.

Hoe meer Access ik deed, hoe meer gewaar ik werd. Ik had altijd al de entiteiten waargenomen, of ik het nu toe wilde geven of niet, maar ik was totaal onvoorbereid, althans dat dacht ik, voor wat zich vervolgens aandiende.

De tekenen dat entiteiten een deel van mijn leven waren, waren onmiskenbaar. Het gefluister van hun stemmen in mijn oren en een lichte veeg over mijn schouder als ze mijn aandacht probeerden te trekken, waren dagelijkse kost. Mijn appartement vulde zich met de mist van hun aanwezigheid. Op een dag, alsof er een lichtschakelaar omging, waren ze er allemaal.

De entiteiten zeiden, "hallo, Shan, het is alweer even geleden... We weten dat je ons hebt geprobeerd te vermijden en dat lukte je enigszins... maar nu je hebt gekozen meer gewaar te zijn, zullen we ook veel vaker in de buurt zijn."

Schoorvoetend zei ik, "Oké. Sorry dat ik jullie genegeerd heb, maar ik was er tot nu toe niet echt klaar voor."

De entiteiten antwoorden met de simpele uitspraak: "Laten we aan het werk gaan."

Deel Twee
De Grens

"Alles is mogelijk. Alleen onze keuze weerhoudt ons ervan."

~ Gary M. Douglas ~

Betoverd Bos, Betoverde Aarde

Op twintigjarige leeftijd bezocht ik Nieuw-Zeeland voor het eerst. Gary gaf daar een tiendaagse 'Intensive' (Access-training). We zaten op een plek genaamd Rotorua, ongeveer drie uur ten zuiden van Auckland.

Rotorua is beroemd om zijn zwavelzuur en geothermische ondergrondse activiteit. De eerste dag dat ik er was, rende ik door een beekje en raad eens? Het was heet!

Het landgoed waar de lessen werden gehouden was een werkelijk onvergetelijk, beeldschoon stuk land. Een groot deel van het landgoed was geschikt gemaakt om schapen te laten grazen, dus er waren veel iriserende glooiende heuvels omzoomd met dichtbegroeid, donkergroen bos. Om één van de grote glooiende heuvels heen daalde een pad naar beneden af, door een bos, dat zo uit *The Lord Of The Rings* kon komen, naar een betoverend jadekleurig meer.

Maar, op de eerste dag dat ik dit pad vond, nam ik het niet. Ik liep tot aan de bosrand, en zonder te weten waarom, draaide ik me om en ging andere delen van het landgoed verkennen. Die dag vond ik een zip-line (een zip-line is een stevige zware kabel, die zich uitstrekt tussen een hoog punt en een lager gelegen punt, met een katrol en handvat eraan, die je naar beneden laat roetsjen). In Australië en Nieuw-Zeeland worden ze "flying foxes" genoemd. Ik bracht het grootste deel van die middag door met de heuvel oprennen en zo snel als ik kon met mijn knieën tegen mijn borst opgetrokken naar beneden te vliegen, om vervolgens terug naar boven te rennen en het vervolgens nog eens te doen. Ik hou van Nieuw-Zeeland.

Ik kwam de tweede en de derde dag terug naar het pad en ging nog steeds het bos niet in. Op de vierde dag werd het broeiend warm en ik dacht, "ik moet dat meer eens gaan bekijken en een duik nemen."

Terwijl ik aan de rand van het bos ernaar stond te kijken, kreeg ik een bijzonder vreemd gevoel, maar omdat ik niet echt wist wat het was, zette ik gewoon mijn voeten in beweging en stapte de bosrand binnen.

Zodra ik tussen de bomen was, dimde het heldere ochtendlicht meteen tot een groene, bijna sprankelende waas. De bomen waren dik, enorm en knoestig. De bodem van het bos was bedekt met een dikke massa varens. Sommige varens torenden boven me uit, en heldergroen mos groeide op de boomstammen. De roep van de vogels lokte me dieper het bos in en terwijl ik afdaalde begon ik iets te horen waarvan ik zweer dat het gelach was en het was alsof twinkelende lichtjes tussen de grootste takken van de bomen zweefden.

Ik zag iets glinsteren in mijn ooghoek, maar toen ik me omdraaide om te kijken, zag ik daar niets. Er schoot iets net buiten mijn gezichtsveld op het pad heen en weer. Eerst dacht ik dat ik struikelde over de rotsen, maar toen voelde het volledig alsof iets me liet struikelen.

Ik riep dat het moest stoppen, zonder te weten waarnaar ik riep, maar het stopte wel.

Ik ging verder het pad af naar beneden en kwam uiteindelijk bij het grote, lichtgroene meer dat aan de meeste zijden omringd werd door hoge, steile rotswanden. Ik kon de andere kant van het water zien, maar het was een flink eind weg. Ik stond stil en zoog de hete ochtendzon en het majestueuze beeld van deze stille, onaangeroerde levendige plek op. Ik deed mijn schoenen uit en stond met mijn tenen in de rand van het water.

Ik had het erg heet, ook al was het pas vroeg in de ochtend en ik was er zeer in geïnteresseerd om mijn lichaam in het koele water te laten zakken, maar iets verbood me om het meer in te gaan. De lichte schittering van de rimpels in het water schenen me iets te vertellen. Het was niet cognitief, maar het bracht de boodschap aan me over. De geesten in het water wilden niet dat ik erin ging. Op dat moment dacht ik niet cognitief "Oh, de geesten in dit meer willen niet dat ik het water in ga", ik wist gewoon dat ik het water niet in zou gaan. Het water was prachtig, maar het had ook iets onwerkelijks en vreemds over zich.

Dus ik draaide me gewoon om en volgde het pad terug om een douche te nemen en naar de cursus te gaan.

Maar onderweg op het pad, merkte ik dat ik vaak stopte om naar de energie rond de bomen en het betoverende iets, dat door de bladeren kwam, te staren.

Op dat moment was ik twintig jaar oud en kwam ik net uit het jarenlang proberen niet bewust te zijn van dit soort dingen. Ik was me niet volledig bewust waarvan ik getuige was in dat bos in Nieuw-Zeeland op een hete zomerochtend in het jaar 2000.

Iets begon tot me door te dringen. Iets was in mij aan het ontwaken en mij aan het veranderen.

Mijn vingers begonnen te tintelen en te beven en ik voelde me licht in mijn hoofd. Mijn zicht begon te vervormen en te beven. Ik ging op het pad zitten en moest mijn handpalmen plat op de aarde plaatsen en toen kwamen de stemmen van de geesten in de bomen tot mij. Ze lachten en giechelden en kietelden mijn gezicht.

Als ik niet beter had geweten, zou ik denken dat ik high van de drugs was, maar dit was echt; dit was werkelijk aan het gebeuren. Ik kon niet precies ontcijferen wat ze zeiden, maar de wezens van deze natuurlijke plek waren aan het ingrijpen in mijn leven om me te helen, te veranderen en me een andere mogelijkheid te laten zien. Noem ze elfjes, noem ze bosnimfen, noem ze wat je wilt, deze plek zat vol met geesten. Geen menselijke geesten, maar lichtere, meer heldere, feller glinsterende geesten.

Ik begon zicht te krijgen op een andere dimensie, waar mijn gedachten geen betekenis hadden en ik werd bang. Zodra de angst kwam, stopte al het lachen en sprankelen, en ik wist dat ik het had gestopt. Ik ergerde me aan mezelf, want ik had de glorieuze gevoelens die door me heen gingen verloren, en tegelijkertijd was ik onzeker over waar ik heen ging en of ik daar wel veilig was. Ik was verward over hoe ik op deze magische plek los kon laten en mijn geestelijke gezondheid kon bewaren.

En toen daagde het me, als bij een mokerslag. Ik herinnerde me een tijd toen ik achttien was en twee van mijn vrienden en ik de bergen van Santa Barbara in gingen om magische paddenstoelen te eten. Ik herinner me het loslaten van toen en de diepgaande plaatsen van verbondenheid met de natuur waar de drugs me toegang toe gaven.

Dat was eigenlijk de eerste keer sinds mijn kindertijd dat ik zag en wist dat er in het water en de natuur geesten waren. Mijn vrienden en ik vonden een plek bij een beekje met grote rotsen om op te zitten en ik bracht het grootste deel van de dag hurkend door bij de vijver die gevormd werd door een diepe bocht in de beek. Alles wat ik kon, was staren naar het water en zeggen, "Kan je dat zien, kan je dat zien?", maar niemand hoorde me. Mijn vrienden waren er vandoor, bomen aan het beklimmen. De geesten in de beek, die dag in Santa Barbara, riepen iets in mij op wat ik nog nooit eerder had gevoeld. Het was een besef van alles weten vanuit alle tijden en alle plaatsen. Het was een diep gevoel van heelheid en vrede dat niet gepaard ging met gevoelens of gedachten, alleen een oneindige, geweldige ruimte.

Ik kon er niet achter komen of het zien en voelen van de geesten in het water afschrikwekkend of fascinerend was. Ik was als betoverd, niet bij machte om weg te lopen van het water of om erin te gaan. Ik zat alleen maar bij die beek op het zand en de bladeren en ging dieper en dieper met mijn bewustzijn het donkere water in, terwijl mijn brein letterlijk omver geblazen werd.

Nadat de zon onder was gegaan en de paddenstoelen die dag uitgewerkt raakten, vergat ik die watergeesten helemaal tot ik in dit bos in Nieuw-Zeeland op de grond zat.

Het kwam allemaal bij me terug, en het was alsof ik weer opengesteld werd voor de volledige diepe verbondenheid met de natuur hier, zonder de drugs. Moeder aarde liet me haar magie zien en haar krachtige kleine wezens kwamen naar buiten om me te begroeten. Zij schenen te weten dat ik er klaar voor was, maar ik was daar niet zo zeker van.

Ik begon weer los te laten in de sprankelende energie en voor ik het wist werd ik beurs en nat wakker op de grond in het bos. Ik wist even niet waar ik was en het kostte me wat een eeuwigheid leek, om bij te komen. Mijn hoofd was wazig en ik had gewoon geen zin om overeind te komen.

Terwijl ik daar nog wat wazig zat, begon ik op te merken dat er een vreemde gloed van de planten, die overal om me heen stonden, kwam. En toen bracht iets onder mijn aandacht dat het donker aan het worden was en dat ik mogelijk op zou willen staan voordat al het licht zou verdwijnen. Ik kwam wankelend overeind en begaf me langzaam over het bospad.

Toen ik bij de rand van het bos aankwam, bleef ik een moment staan, niet wetend of ik terug wilde naar het land van de mensen. Het voelde alsof ik gedwongen werd terug te gaan naar de mensen en het stond me tegen, maar ik wist ook dat ik niet tussen de bomen kon blijven. Ik wist dat het niet mijn plek was.

Toen ik uit het bos kwam, merkte ik dat niet alleen de planten in het bos gloeiden, maar ook het gras en zelfs de gebouwen van de plek in de verte een zwakke iriserende gloed over zich hadden.

Het duurde ongeveer tien dagen voordat het gloeien verdween en daarna gloeiden alleen de bomen, planten en bloemen, en natuurlijk soms bewuste mensen.

Aan het einde van die reis gaf Gary me een uit been gesneden ketting van een half-draak, half-vis wezen. Ik vroeg hem wat het was en hij vertelde me dat de Maori het een Taniwha noemen, een watergeest. Ik dacht, "Oh, dat is vast wat ik in dat meer heb gezien."

Zoveel inheemse culturen geloven niet alleen dat er geesten in water zitten, ze geloven ook in de geesten van hun voorvaderen.

De Balinezen bijvoorbeeld, geloven dat kwade geesten in water leven. Ik zou niet zo ver willen gaan dat de watergeesten kwade geesten zijn; ze zijn gewoon diep en donker, en mensen neigen zich af te keren van dit soort dingen. Het is voor deze mensen logisch dat er geesten in de wereld zijn.

In de tijd van Shakespeare was het algemeen bekend dat spoken een onderdeel waren van een ieders dagelijks leven en degenen die de spot met ze dreven werden als dwaas beschouwd.

Ik kan me eindeloos verwonderen over waar we als maatschappij toe zijn gekomen wat de geestenwereld betreft. Ik denk dat men op een dag terug zal kijken op deze tijd en dan zegt, "Weet je nog, toen mensen niet in spoken geloofden?" net zoals we nu zeggen, "Weet je nog, toen ze nog dachten dat de aarde plat was?"

De Vader van een Vriend komt op Visite

De overgang van ontkenning naar het volop hanteren van het zwaard van mijn perceptie verliep een beetje ruw, zoiets als het beklimmen van een berg. Het is moeilijk omhoog klimmen, maar je weet dat als je eenmaal boven bent, je het heel erg leuk gaat vinden. De eerste stap was erkennen dat de berg überhaupt bestond. De tweede stap was uitvogelen wat de beste plek was om hem te beklimmen. De derde was om simpelweg door te blijven gaan zodra ik eenmaal was begonnen. Naar beneden kijken of terugkeren stond niet voor mij in de kaarten. Zelfs toen het pad te steil en ondraaglijk leek om verder te gaan wist ik dat teruggaan oneindig veel saaier en minder lonend zou zijn dan er gewoon mee verder gaan.

Ik vond veel meer rust toen ik in mijn twintiger jaren kwam.

In die tijd ontmoette ik mijn eerste vriendje. Hij werkte als timmerman op een klus samen met de man, met wie ik mijn appartement deelde. Tom was mijn huisgenoot en hij was elektricien. Tom deed ook Access en hij nodigde Kevin, mijn aanstaande vriendje, uit voor een bars sessie. Bij toeval en omdat het universum het zo wilde, 'vergat' Tom het en was hij in Los Angeles toen Kevin aan de deur stond.

Kevin klopte aan, ik deed open en de rest is geschiedenis.

Kevin was mijn eerste echte vriendje en hij bracht een heleboel nieuwe dingen in mijn leven, zoals ik dat ook deed in het zijne. Hij woonde op een boot in de haven, wat nieuw voor me was, en ik vond het geweldig. Hij leerde me zeilen en tarot lezen, wat ik, geloof het of niet, nog nooit gedaan had.

Op een nacht toen Kevin en ik gingen slapen, merkte ik de sterke aanwezigheid van een wezen op dat naast het bed stond. Het was alsof een enorme pilaar van intensiteit op me neer staarde. Ik kon de aanwezigheid ervan niet echt ontwijken of ontkennen doordat het zo sterk was. Waar ik eerder nog in staat was geweest om het te negeren, kon ik dat nu niet. Het maakte me bang, dus ik probeerde het te klaren (*clearen*), door een paar tools te gebruiken die ik van Access had geleerd.

Deze tools waren normaal gesproken erg effectief, maar in dit geval had het geen effect. Ik volharde met de clearings, in de hoop dat het wezen weg zou gaan, maar het stond daar nog steeds, net zo sterk als voorheen, alleen maar naar mij te staren.

Ik vroeg vervolgens het wezen wat hij (want ik kon merken dat het een mannelijke entiteit was) van me wilde, maar ik kreeg nog steeds geen antwoord wat ik kon ontcijferen.

Ik bleef hem vragen wat hij hier aan het doen was, maar tevergeefs, ik kreeg niets.

Uiteindelijk gaf ik uit frustratie en slaperigheid op. Ik ging gewoon slapen met dit wezen dat over het bed heen stond. Ik liet Kevin aan de kant slapen waar het wezen stond, zonder hem te vertellen waarom ik van kant wilde ruilen.

De volgende nacht kropen we in bed en daar was de aanwezigheid weer, naar me starend en mijn aandacht opeisend. Dus ik herhaalde de hele mallemolen van het klaren en vragen wat hij wilde, tevergeefs, en dus ging ik weer slapen.

De derde nacht, toen we in bed stapten, was de aanwezigheid er weer. Tegen die tijd was ik tot over m'n oren gefrustreerd, en dus besloot ik het aan Kevin te melden.

Ik vertelde hem, zo goed en zo kwaad als ik kon, over dit wezen dat naast het bed stond.

Ik noemde dat ik geprobeerd had het weg te laten gaan, maar daar geen geluk mee had gehad. Ik vertelde Kevin dat ik niet kon achterhalen wat het wezen me probeerde te vertellen en toen vroeg Kevin me, "Ben jij degene met wie hij praten wil?" en toen, mijn hemel, werd het me helder, glashelder.

Ik was de verkeerde vragen aan het stellen. Dit wezen wilde niet met mij spreken. Hij wilde met Kevin spreken, duh! En ik zou dat gaan faciliteren.

Ik was sceptisch, maar ik ging er toch voor en zou wel zien wat er zou gebeuren. Ik deed mijn best om mijn standpunten erbuiten te houden en alleen een stem te geven aan wat er door zou komen.

Ik had geen idee hoe Kevin er mee om zou gaan, maar ik moest de kans wagen en kijken of er echt iets in zat.

Ik keek naar Kevin met twijfel in mijn ogen en vroeg hem of dit echt aan het gebeuren was? Hij glimlachte, bijna jubelend en zei "Echt wel!", gretig en tegelijkertijd trots op mij. Het was als een nieuwsflits voor mij dat hij zo graag wilde dat ik dit vermogen liet zien. Ik realiseerde me dat dit niet iets was om me voor te schamen, maar iets waar mensen in geïnteresseerd waren. Dit zou de eerste van vele ontmoetingen zijn, die me zouden aanmoedigen aan anderen te laten zien wat ik zag en de woordvoerder te zijn voor diegenen die niet gehoord werden.

Ik zei, "Je vader is hier nu, hij zegt dat het hem spijt". Ik sprak zo snel mogelijk om mijn gedachten niet in de weg te laten komen.

Door deze simpele woorden begon Kevin te huilen. Dit verraste ons allebei; geen van ons had deze emotionele reactie verwacht. Ik ging snel verder, om deze gelegenheid waarop we allebei bereid waren, optimaal te gebruiken. Zijn vader vertelde Kevin vervolgens dat hij trots op hem was en dat het hem speet dat hij er nooit in zijn leven was.

Dit was een simpele boodschap, maar het was genoeg; Kevin veranderde in een poel van tranen.

Dit was een nieuwe ontwikkeling. Ik had het gemakkelijk kunnen verwerpen als iets dat ik aan het verzinnen was, maar Kevins onverwachte en onbeheersbare emotionele respons was de bevestiging die ik nodig had.

Kevin en zijn vader hadden geen goede relatie gehad toen zijn vader nog leefde. Hij was een gewelddadige en koppige man geweest, over wie Kevin weinig sprak, maar hij hield vast aan een stille wrok. Kevin was een zeer bekwame timmerman en bouwer van maatwerk zeilboten, beroemd in zijn vakgebied vanwege zijn prachtige werk en kunstenaarschap. Zijn vader had nooit enige interesse getoond in zijn werk en greep elke kans aan om Kevin te beledigen als een eenvoudige arbeider.

Ze hadden elkaar weinig gezien in de jaren voorafgaand aan zijn vaders dood en Kevin had de begrafenis niet bijgewoond toen zijn vader overleden was.

Ik was een jaar met Kevin samen en ik had dit nog nooit in hem gezien. Dit was een nieuwe man, de man die hij altijd verborgen had gehouden voor zichzelf. Hij had zijn vader maar een paar keer genoemd in terloopse gesprekjes. Ik had me nooit gerealiseerd wat voor impact zijn vader op hem had of dat hij al deze gevoelens binnenhield.

Zijn vader liet ook weten dat hij spijt had van de manier waarop hij Kevin's moeder behandeld had en vroeg of Kevin hem alsjeblieft wilde vergeven.

Deze gebeurtenis was een geschenk voor ons allemaal. Kevins vader assisteerde me door zo volhardend te zijn en te weigeren weg te gaan, toen ik niet kon begrijpen wat hij wilde. Het leerde me dat entiteiten soms bij ons komen, omdat ze willen dat wij een boodschap aan iemand anders doorgeven.

Op een of andere manier waren het niet eens de woorden die ik zei, maar de energie die doorkwam die de grootste impact had. Ik kon zien dat er een gigantische hoeveelheid heling gaande was voor zowel Kevin als zijn vader.

Dit was de eerste keer dat ik écht zou zien hoe het faciliteren van communicatie tussen de overledenen en levenden beide zijden kon helen en transformeren.

Ik had altijd al geweten dat er voor de levenden veel te ontvangen viel van de doden, maar ik had me nooit gerealiseerd hoeveel er voor de doden te ontvangen viel van de levenden.

Kevin's vergiffenis stond zijn vader toe te helen en over te gaan.

Wat zou er voor nodig zijn om mensen zich te laten realiseren wat er voor hen echt toe doet tijdens hun leven in plaats van na hun dood?

Ik verzon een trucje om mezelf te laten kijken naar wat er toe doet op elk willekeurig moment in mijn leven.

Ik stel me voor dat vandaag de laatste dag van mijn leven is. Ik stel me voor dat ik bij het aanbreken van de volgende dag dood zal zijn en, als ik daar echt heen kan met deze fantasie, dan komen de dingen die er voor mij echt toe doen naar de oppervlakte.

De dingen waar ik aan vasthoud en waar ik van streek van ben, worden irrelevant in het grotere totaalplaatje.

Ik realiseer me dat de ruzie die ik met mijn zus had niet van grote betekenis was, hoezeer ik ook gelijk dacht te hebben. Ik realiseer me dat wat werkelijk belangrijk voor me is, niet is of een man me terugbelt of dat ik genoeg geld heb of dat mijn kont te groot is. Het is de liefde die ik voor iedereen en voor mezelf heb die er werkelijk toe doet. En degenen die ik liefheb laten weten dat ik van ze hou.

Het bericht dat het vaakst doorkomt van de geesten is dat van liefde en vergiffenis. Vaak willen ze er alleen zeker van zijn dat een bepaald persoon weet dat ze van hen houden of willen ze zich verontschuldigen voor iets dat ze deden in hun voorgaande belichaming. Het bericht is vaak zo simpel als dit en het komt vaker door dan ik ooit zou hebben gerealiseerd en verwacht.

Ik heb geleerd door deze 'baan' als medium dat de meeste mensen (niet allemaal) niet blij zijn met hoe ze hun leven hebben geleefd en vaak terugkomen om te proberen wat dan ook te herstellen en helen waarvan ze denken dat het onopgelost is.

Dus, ik bel alle mensen op met wie ik geruzied heb en zeg ze dat het me spijt en laat zelf alle boosheid los. Ik laat liefde naar alle mensen in mijn leven vloeien, aan wie ik misschien niet heb laten weten hoeveel ik om ze geef. Ik vernietig al mijn oordelen over de juistheid of onjuistheid van mijn leven en over wat ik ervaar, dat mensen voor mij zijn geweest of me hebben aangedaan.

Ik neem de volle verantwoordelijkheid voor mijn leven en mijn gevoelens.

De dood is de laatste uitdaging; je komt oog in oog te staan met wat je in je leven vermijdt. Het laat je realiseren dat er geen tijd meer te verliezen is en dat je een grote verandering te wachten staat. Je bereikt de grens van de realiteit zoals je die kent. Waarom blijven we niet op die grens om alert te blijven in ons leven? Door deze oefening neem ik mijn leven niet als vanzelfsprekend. Ik realiseer me dat ik deze belichaming heb om van deze wereld te genieten en de realiteit van de vergankelijkheid ervan is heel echt voor mij.

Normaal gesproken werkt dit een tijdje, tot ik me realiseer dat ik niet 'present' ben in mijn leven en dan doe ik de hele oefening opnieuw.

Als ik ga, wil ik hier niet vast zitten, omdat ik onopgeloste zaken heb.

Een Avond in New Orleans

Kevin raakte steeds meer geïnteresseerd in Access dus stelde hij voor dat we een rit door het land zouden maken naar mijn stiefvader, die een cursus aan het geven was in het noordwesten van Florida. Hij zei dat we met zijn busje konden gaan en onderweg konden kamperen en op bezoek gaan bij vrienden en familie die we daar hadden. Dit klonk me geweldig in de oren; ik had nog nooit dwars door de Verenigde Staten gereden en ik had zin in avontuur.

Ik hield van deze rit; je ziet de landschappen in het zuiden van Californië plaats maken voor de droge vlakke woestijnen van Arizona en New Mexico. Texas bleek een beetje geestdodend; geen staatsgrenzen om je vooruitgang te markeren, alleen maar eindeloos uitgestrekte wegen en lucht.

We reden met een VW-busje uit 1985 zonder radio en airconditioning. Zelfs als er een radio in gezeten had, dan was het moeilijk geweest om hem boven het lawaai van de motor en het geluid van de weg uit te horen. Om de tijd te doden, luisterde ik naar *Een autobiografie van een Yogi* en *Conversaties met God* op mijn walkman terwijl ik naar het landschap staarde. De boeken waren omvangrijk genoeg om me de hele weg dwars door het land bezig te houden en interessant genoeg om me te vermaken met hun buitenaardse wonderen en spirituele filosofieën.

Toen we het oosten van Texas bereikten, raakte de luchtvochtigheid ons als een muur en waren we toe aan een stop. Wat was een betere plek om te stoppen, dachten we, dan in New Orleans, waar Kevin familie had.

Ik was nog nooit naar dit deel van de VS geweest en ik had geen idee wat ik moest verwachten. Waar denken mensen aan als ze aan het Zuiden denken?

Denken ze aan griezelig Spaans mos dat uit de grote, majestueuze eiken van de regio vloeit, of aan perziktaart, gebakken kip en ijsthee?

Ik dacht aan de onberispelijke zuidelijke gastvrijheid, grote kapsels, grote hoeden, dikke buiken en stevig racisme. Natuurlijk had ik alleen maar verhalen gehoord over slavernij en racisme. Het stond in alle geschiedenisboeken. Ik had nooit werkelijk iemand ontmoet die onbeschaamd genoeg was om daadwerkelijk een racist te zijn. Ik wist dat dit aangaf dat ik een enigszins beschermd leven had. Afgeschermd van de nogal gruwelijke tekortkomingen van de mensheid, maar niet afgeschermd van buitengewone bovennatuurlijke ervaringen voorbij aan onze vijf zintuigen; ironisch, ik weet het.

Het is zeer onbehouwen om dit te zeggen, maar ik moet toegeven dat ik zeer dankbaar ben voor de zwarte slaven die naar Amerika kwamen. Slavernij was op zijn zachtst gezegd afschuwelijk, maar wat eruit ontstond is naar mijn mening wonderbaarlijk. Als er geen Afrikanen als slaven overgebracht waren, zouden we dan Jazz , Blues , Soul , Hip Hop of Rock & Roll gehad hebben? Ik kan eigenlijk niet bevatten dat iemand zo hard zou werken om een ander te overheersen, ik bedoel maar, wie is hier werkelijk de slaaf? Hoe kun je dat in vredesnaam doen? Het gaat mijn begrip te boven, maar ik begrijp ook niet waarom je een bos omhakt of een dier doodt, laat staan iemand dwingt om minder te zijn dan jij. Is het desondanks niet cool waar die Afrikanen mee kwamen?

Dank je, dank je, dank je!

Tegen de tijd dat we Houston naderden, was het midden in de nacht. We stopten dicht bij het centrum voor benzine omdat de I-10 (de snelweg die, dwars door het midden van Texas, regelrecht van Zuid-Californië naar Florida loopt,) dwars door Houston gaat. We kwamen tot stilstand en zetten de motor af. Mijn oren gonsden van het weg-geluid en ik was blij met een korte pauze. De hitte was bijna ondraaglijk door de luchtvochtigheid. Ik herinner me dat ik gefascineerd was door het stedelijk verval van de stad. Trottoirs waren verweerd en oneffen, met planten die hun weg naar de oppervlakte vonden, hier en daar het asfalt open brekend. Sommige van de gebouwen waren bouwvallig en onverzorgd. Houston is een zeer welvarende stad, maar desalniettemin een stad. Santa Barbara is een kustplaats die eerder op een resort lijkt dan een echte plaats waar mensen wonen. Aan de oppervlakte lijkt Santa Barbara perfect, en ik leerde meer over de wereld via de ziel van Houston, laat in de avond, in hartje zomer.

Vanwege de enorme, bijna onaardse hoeveelheid aan constructiewerkzaamheden die in het centrum van de stad in 1999 gaande was, spendeerden we het uur daarna aan het uitvogelen van een weg terug naar de snelweg richting het oosten. De bouwplaats leek in mijn ogen op de binnenkant van een ruimteschip uit de film *Alien*. Het was allemaal donker met overal bedrading en kabels en opgebroken cement dat de ingewanden van de stedelijke infrastructuur liet zien. Roosters waar stoom uitdampte en eindeloze bochten leidden naar nog meer slecht geplaatste borden die je steeds in de verkeerde richting wezen. Als ik niet beter had geweten, zou ik gedacht hebben dat dit zeer slechte stadsplanning was. Maar ik herinner me dat ik me afvroeg wat ons daar hield. Was er iets dat ons ervan weerhield om terug naar de weg en richting New Orleans te komen?

Na de reis naar New Orleans begreep ik de boodschap luid en duidelijk, maar op dat moment leek het allemaal een kruising tussen een toevalligheid en een grote onzichtbare hand die ons probeerde een andere kant op te draaien. Uiteindelijk, na heel veel inspanning, bevonden we ons weer op de I-10 oostwaarts.

Terwijl we in de nacht doorreden richting Louisiana, onthulde de dageraad het oppervlak van een vreemde, surrealistische planeet. Moerasland zoals ik het nog nooit had gezien. De snelweg in dit deel van het land ligt verhoogd in honderden kilometers moeras. De mossige bomen hadden een griezelige, mysterieuze uitstraling en ik kon alleen gissen naar wat er onder de oppervlakte van het bruine water lag. Ik vroeg me af hoe de eerste bewoners zich in dit onherbergzame land vestigden en waarom ze die moeite deden.

Uiteindelijk naderden we New Orleans, gingen de I-10 af en gingen noordwaarts over de vlakke, eindeloos ogende Pontchartrain Brug, op weg naar het huis van onze vriend om daar onze spullen neer te zetten en ons op te frissen voordat we de stad New Orleans gingen verkennen. Kevin en ik hadden allebei in vier nachten niet één hele nacht geslapen, we hadden alleen maar om en om gereden. Als de een reed, sliep de ander even, of we waren allebei wakker, pratend en genietend van het gevoel van vrijheid op de weg. We hadden kunnen wachten en een nacht slaap kunnen inhalen voordat we zouden deelnemen aan wat New Orleans te bieden had; achteraf bekeken was dit misschien een goed idee geweest, maar we verkozen plezier boven rust en gingen op weg naar de stad.

Tien minuten nadat we in het centrum van het Franse Kwartier waren aangekomen, realiseerde ik me dat dit niet zo leuk zou gaan worden als ik aanvankelijk had gehoopt. De entiteiten in de stad hadden een hogere dichtheid dan de luchtvochtigheid. Ik probeerde te doen alsof dit niet gaande was, vooral omdat ik toentertijd niet echt wist wat ik met zoveel entiteiten op één plek aan moest en of ik er überhaupt iets mee moest. Ik probeerde het allemaal buiten te sluiten en gewoon de anderen bij te houden. Ik had ontdekt dat deze opzettelijke weigering soms werkte –soort van. Maar uiteindelijk zou de gigantische paarse gorilla, die ik probeerde te negeren, me net zo lang voor mijn kop slaan tot er maar twee keuzes overbleven; bezwijken onder de druk of het onder ogen zien, hoe "het" er ook uitzag of aanvoelde. Ik moest me langzamerhand gaan verweren tegen het gevoel gek te worden. Dit was een min of meer nieuwe gewaarwording voor me; ik was niet meer in de buurt van zo'n enorme hoeveelheid entiteiten geweest, sinds ik als jong kind voor het eerst in Engeland was. Ik was dat al lang vergeten. Ik probeerde hier niet al te veel aandacht aan te besteden; ik duwde het weg en probeerde het naar m'n zin te hebben, maar ik voelde me hoe langer hoe meer oncomfortabel.

Terwijl we over de geplaveide straten liepen, verbijsterde het me dat, overal waar ik keek, entiteiten drie rijen dik voor de muren stonden. Er waren meer entiteiten in New Orleans dan er mensen waren. Ik was verbijsterd en vroeg me af hoe dit mogelijk was, en dus bleef ik het ontkennen. Ik had er geen idee van dat zoiets als dit kon bestaan.

Ik kwam ook in contact met een energie die ik nog nooit had ervaren. Het was alsof ik de taal niet sprak. Pikte ik iets op of was het mijn verbeelding? Was hier iets spookachtigs aan de hand of was ik het alleen maar aan het verzinnen? Ik werd continu heen en weer geslingerd tussen proberen alles te begrijpen en denken dat ik gek aan het worden was. Naarmate we meer tijd lopend door de stad doorbrachten, begon ik één en één op te tellen. Na het zien van de vijfde griezelige Voodoo-winkel, realiseerde ik me wat ik eerder naliet tot me door te laten dringen. De geesten in de straten van New Orleans kenden Voodoo, en ze spraken een taal die ik niet kende.

Later kwam ik erachter dat de Afrikanen die als slaven naar Amerika werden gebracht, hun religie meebrachten: Voodoo. Voodoo betekent letterlijk Geest. Ik leerde dat Voodoo een vreedzame religie was, die door de extreme wreedheid en onderdrukking van de slavenhandel agressief, en zelfs gewelddadig werd. De blanke slaaf-eigenaren dachten dat de inheemse religie hekserij was en verboden haar, waardoor de volgers gedwongen werden haar in het geheim te beoefenen en de gezichten en de namen van hun geestengoden te veranderen in Europese katholieke heiligen.

Beoefenaars van Voodoo doen een beroep op de magie en ondersteuning van de geesten. Welkom in het zuiden!

Oorspronkelijk waren de Afrikanen die hier als slaven werden gebracht bijzonder afgestemd op de geestenwereld, want het was ze nooit geleerd dat die niet bestond. Integendeel, ze werden aangemoedigd verbonden te zijn met hun overleden voorouders. Ze waren opgevoed om te geloven in geesten en hen om assistentie te vragen.

De mensen in de stad draafden rond, gelukzalig onwetend van de geesten die om hen heen krioelden.

Zoals ik al eerder noemde, stonden de entiteiten drie rijen dik langs de muren van de stad. De voorste rij entiteiten bestond alleen uit mannen. Ze stonden met hun gezicht naar buiten op de straten gericht, met lege ogen en van binnen donkere monden. Ze leken bij te dragen aan een massa expressie in plaats van hun eigen individuele communicatie te hebben. Het klonk als het gegons van duizenden insecten.

Achter de mannen stonden de vrouwen. Hun ogen waren meer aanwezig; zij zagen waar ze naar keken. Zij waren degenen die alle communicatie deden, als je het zo kon noemen. Ik kon individuele gedachten ontcijferen die van de vrouwen kwamen. Achter hen bevond zich een extra kracht van ondefinieerbare energie; het was niet menselijk en het was vrij donker. Het had geen op zichzelf staande vorm, maar de aanwezigheid ervan was voelbaar.

Ik besefte later pas een mogelijke reden hiervoor; de vrouwen stonden achter de mannen omdat Voodoo een matriarchale samenleving voortbracht. De mannen beschermden de vrouwen en de vrouwen beschermden deze energie achter hen. Ik denk dat wat ze achter zich hielden de "ware" magie was van hun religie. Datgene wat de Afrikanen naar Amerika brachten dat verstopt moest worden uit angst voor bestraffing. Dat is misschien waarom het zo donker achter hen was. Ze hulden het in duisternis zodat niemand het kon zien. Plus, de mensen neigen zich af te keren van dingen die 'donker' zijn, dus wat is een betere plek om iets te verstoppen wat waardevol voor je is, dan het donker?

Tegelijkertijd, terwijl ik dit zo helder kon zien vanuit mijn geestesoog, probeerde ik het nog steeds met logica weg te redeneren door het simpelweg te negeren. Dit was te veel om waar te zijn, maar naarmate de nacht vorderde en ik mezelf meer en meer verloor in de schaduwen, begon ik met tegenzin de realiteit te erkennen dat dit echt gebeurde.

Ik was alleen maar in staat met een fluisterend protest te vragen of we "alsjeblieft nu" weg konden gaan. Mijn geest was verward en troebel en ik was emotioneel. Ik wilde blijven en genieten van de nieuwe bezienswaardigheden en geluiden van deze beroemde stad, maar ik had knikkende knieën en had het gevoel dat ik mijn verstand zou verliezen.

Ik was uiteindelijk in staat om Kevin ervan te overtuigen dat ik inderdaad echt eerder weg wilde, dus aan hem de taak om onze vrienden te vertellen dat we weggingen omdat ik me niet lekker voelde. Ze protesteerden allemaal en vroegen me waarom ik niet lekker was en het enige dat ik kon was huilen. Daarmee excuseerde Kevin ons beiden en leidde me terug naar de bus. Ik maak geen geintje, ik was geestelijk zo in de war van alle geesten, dat ik nauwelijks meer kon spreken. Niet leuk, maar het was een geweldige leerervaring.

Kevin leek niet teleurgesteld over ons abrupte vertrek. Hij zag me worstelen en hij voelde zelf ook de duisternis die in de straten op de loer lag.

Ik hoorde later dat er daadwerkelijk 'begraafplaats-excursies en 'doden-excursies' in New Orleans gehouden worden. De geesten worden daar vereerd en gevierd. Geen wonder dat geen van hen wilde vertrekken. Blijkbaar worden, vanwege de moerassige aard van het land, lichamen boven de grond in crypten begraven. Sommige van deze begraafplaatsen lijken op kleine steden voor de doden. Het gebeurde ook wel eens dat in de stad begraven lichamen weer aan de oppervlakte kwamen tijdens sterke regenval. Telkens als ze moeten graven, vinden ze lichamen onder de huizen van New Orleans. Akelig! Geen wonder dat ik van deze plek griezelde.

Naarmate we verder en verder bij de stad vandaan gingen, begon ik me te ontspannen en me weer min of meer mezelf te voelen. Ik was niet in staat om Kevin uit te leggen wat er voor mij in de stad gebeurd was; het enige dat ik uit kon brengen was: "Ik voelde me gewoon niet goed."

Pas jaren later kon ik me deze nacht helder voor de geest halen en me herinneren wat er plaatsgevonden had. Ik ben sindsdien niet in staat geweest om door Louisiana te reizen, maar ik vraag me wel af wat voor effect orkaan Katrina op de paranormale activiteit in New Orleans heeft gehad. Ik durf te wedden dat de natuurkrachten de meeste, zo niet al die vastzittende geesten opgeruimd heeft.

De kracht van de natuur kan soms angstaanjagend en heel indrukwekkend zijn, maar niet zo angstaanjagend en indrukwekkend als het door mensen gecreëerde niet gewaar zijn. De natuur zal ons altijd evenwicht brengen, of we het leuk vinden of niet.

In Mezelf Groeien

Naarmate de tijd verstreek begon ik steeds meer gemak te krijgen met het openlijk communiceren met geesten. Ik begon met mijn hele wezen te accepteren dat ik het niet allemaal maar verzon. Ik begon ook de waarde ervan in te zien. De realiteit dat het een waardevolle bijdrage is, werd steeds echter voor me, in plaats van er verschrikkelijk door in verlegenheid gebracht te worden. Ik begon minder te denken dat ik een freak was en begon het meer te omarmen.

Er verschenen mensen in mijn leven die me vroegen om readings te doen en die aanboden mij ervoor te betalen. Ik dacht "Ik kan hun geld niet aannemen, wat als ik het niet goed doe?"

De eerste vrouw die verscheen heette Lorain, een kleine blonde stoot uit Tenessee, die gewoon wist dat ik haar kon geven wat ze zocht. Ze was erg volhardend, dus besloot ik het te doen, ondanks dat ik nog steeds nerveus was.

Dit zou mijn eerste betaalde reading worden, wat nog meer druk op me legde.

We gingen zitten, en ze zat met een schrijfblok en een taperecorder in de aanslag en popelde om te beginnen. Ik zat daar en probeerde mezelf ervan te overtuigen dat ik niet een of ander stom kind was dat het ter plekke verzon. Ik dwong mezelf in Lorain's ruimte te kijken om te zien wat ik kon vinden, en wat denk je? Daar was haar vader en de rest van haar familie. Ik dacht, "Jezus, waar moet ik beginnen?"

Ik begon haar vader te omschrijven om er zeker van te zijn dat het hem echt was en ze ontving alle informatie terwijl ze met haar hoofd knikte en zei, "ja, ja, dat is precies hoe hij eruit zag."

Ik dacht: "Deze dame is gek, maar als zij gek is, dan ben ik knotsgek."

Ze wilde meer weten over haar vaders testament en waar hij al zijn vermeende geld gelaten had, want niemand in de familie scheen te weten waar het was en ik dacht, "oh shit... ze is op zoek naar feitelijke informatie en wat als ik het verkeerd heb?" Hoe kon ik weten of ik het verzon of niet? En als ik het niet goed had, dan was dit allemaal nep.

Op een of andere manier vond ik mijn weg door al mijn twijfel en scepsis. Ik dwong mezelf naar plekken in de geestenwereld te gaan waar ik nog niet eerder geweest was. Ik dwong mezelf om daadwerkelijk te vertalen wat ik doorkreeg in plaats van het weg te duwen.

Ik begon openlijk met haar vader te communiceren. Ik moest hem om alle informatie vragen die Lorain wilde en het leek op het trekken van tanden. Hij was terughoudend om mij de informatie te geven omdat ik geen deel van de familie was. Ik zei, "Kijk man, ik probeer alleen maar je dochter een goeie sessie te geven, kun je me hiermee helpen alsjeblieft?".

Hij zei, "Ja, ik kan het je vertellen, maar je moet Lorain vertellen het niet tegen haar moeder te zeggen."

Ik was verbaasd dat hij me voorwaarden gaf; dit was interessant. Dit was de eerste keer dat ik me echt realiseerde dat de geesten een stem hadden in wat er gaande was. Als een geest bepaalde informatie niet wilde geven, dan zou hij dat, net als een persoon, ook niet doen. Als iemand bij me kwam en wilde dat ik contact zou leggen met een bepaald dood iemand, en die bepaalde dode iemand wilde geen contact, dan kon ik daar niets aan doen. Als je iemand belt en ze willen niet met je praten, dan zullen ze niet opnemen. Tenzij je ze voor de gek kunt houden, maar dat is een verhaal voor een andere keer!

Ik vertelde Lorain dat haar vader een paar voorwaarden had waaronder hij haar de informatie die ze wilde, wel of niet zou geven. Het enige wat ze deed was lachen en zei: "Natuurlijk heeft hij die", en dus gingen we door.

Hij liet me een plaatje zien van een lange tuin met een paar hoge bomen en een groot oud huis helemaal aan het eind. Het plaatje van de tuin flitste zo snel voorbij dat ik het bijna miste, maar ik begon te vertrouwen op de subtiele, snelle plaatjes die ik ontving. Ik noemde de tuin aan Lorain en ze zei dat het klonk als haar vaders achtertuin in de staat Washington. Ik bevestigde, "Ja, dat lijkt correct".

Toen vroeg ze, "Wat heeft de tuin hier mee te maken?"

Ik zei, "Ik denk dat hij zegt dat het geld daar is."

Haar mond viel open, "Nee hoor!"

"Nou, blijkbaar ja hoor, bij een grote dennenboom. "

"Ik vermoedde het altijd al, maar kan het niet geloven. Mijn vader groeide op tijdens de Grote Depressie en vertrouwde de banken nooit" zei ze.

Ik vond dit één van de grappigste dingen die ik ooit had gehoord, iemand die goud in z'n achtertuin begraaft. Over 'banken niet vertrouwen' gesproken.

Lorain vertelde me dat zij en haar broer hadden geprobeerd om hun moeder te overtuigen dat hun vader zoiets gedaan moest hebben, maar hun moeder nam dat idee niet aan. Haar moeder zei: "Hoe zou hij zoiets recht onder mijn neus hebben kunnen doen, zonder dat ik het door had?" Uit trots verbood ze al haar kinderen om in de tuin te gaan graven.

Ik denk dit veroorzaakt werd door Lorain's vader die vanuit het graf gedachten in haar hoofd stopte. Hij wilde niet dat ze de schat zou ontdekken. Lorain's vader leek een heleboel wrok te hebben naar zijn vrouw en hij probeerde haar vanuit het graf te manipuleren, zodat zij niet zou vinden wat hij niet wilde dat ze zou vinden. Het was niet mijn taak om te speculeren over de psychologische dimensies van de relatie van Lorain's moeder en vader. Ik probeerde gewoon Lorain's vragen duidelijk te beantwoorden en over te brengen waarvan ik dacht dat het de meest relevante punten waren. Dus de dingen over Lorain's vader die haar moeder haatte, liet ik erbuiten.

Lorain was zeer verguld over deze bevestigende informatie die ik haar gaf. Ze vertelde me dat ze niet kon wachten haar broer te bellen en hem naar het oude huis te laten gaan om te beginnen met graven. Ik deed mijn best te beschrijven waar ik dacht dat het in de tuin was. Ze stond onmiddellijk op om te gaan bellen.

Ik dacht, "Shit, ik hoop maar dat ik het goed heb, maar als het niet zo is, dan zou het een opluchting zijn, want dan zou ik al deze gekkigheid op kunnen geven en weer kunnen proberen normaal te zijn."

Pech gehad. Een paar dagen later belde Lorain me thuis op om me te laten weten dat ze goud hadden aangetroffen. Haar broer was meteen naar het huis toe gegaan en was begonnen met graven op de plek die ik had aangegeven en daar was het. Meer dan één miljoen dollar in gouden munten en biljetten. Ik dacht, "Holy fuck, ik ga huilen. Heb ik dat gedaan? Echt niet!"

Ik was totaal in shock en kon het nauwelijks geloven.

Het is eigenlijk overbodig om te zeggen dat Lorain uitbundig was over haar nieuwe vondsten en ik ook behoorlijk tevreden met mezelf was, nadat de eerste schrik eraf was.

Het grappige aan dit alles was, dat dit voor mijn ogen gebeurde en ik het nog steeds niet kon geloven. Het is maar goed dat ik zo schattig ben, want soms ben ik niet zo slim.

Robin

Robin was een van mijn stiefvaders cliënten, en mijn stiefvader verwees haar naar mij voor een sessie. We maakten een afspraak om de sessie via de telefoon te houden, omdat zij in Texas en ik in Californië was.

Robin vertelde me als eerste dat haar moeder erg ziek was en op haar sterfbed lag.

Ze zei dat haar moeder had ingestemd met een aantal veranderingen in haar testament en Robin had het testament meegenomen om te laten tekenen nadat de veranderingen waren doorgevoerd.

Na die ochtend met haar moeder te hebben gesproken, arriveerde Robin in de middag bij het huis.

Urenlang discussiëren en overreden eindigden ermee dat Robin totaal perplex het huis verliet, zonder ondertekend testament. Ze sprak de volgende dag weer met haar moeder en haar moeder vroeg haar waarom ze niet langs was gekomen zoals ze gezegd had dat ze zou doen.

Robin was compleet uit het veld geslagen. Voor zover Robin wist, was Alzheimer niet een van haar moeders ondermijnende aandoeningen en ze had haar moeder nog niet echt eerder zo meegemaakt. Robin legde aan haar moeder uit dat ze langs was geweest en dat ze hadden gesproken, maar haar moeder raakte geagiteerd door de hele conversatie. Ze had er eerlijk waar geen herinnering van dat Robin de vorige middag langs was geweest. Ze zei Robin opnieuw langs te komen en dat ze dan het testament zou tekenen.

Dus de volgende dag ging Robin weer naar haar moeders huis en opnieuw was er tevergeefs een lange discussie over het tekenen van het testament.

Robin begon zich nu ernstig zorgen te maken over haar moeders mentale gezondheid en belde haar moeders dokter die middag. Haar moeders dokter zei dat hij dit gedrag nog niet was tegengekomen maar er bij zijn volgende bezoek naar zou kijken.

Robin was al zover dat ze dacht dat haar moeder haar verstand aan het verliezen was, maar die nacht had Robin een droom.

Ze droomde dat ze met haar moeder in de woonkamer van haar moeders huis zat, maar er waren drie versies van haar moeder. Ze leken niet allemaal op haar moeder, maar ze wist dat ze allemaal haar moeder waren. En wat haar het meeste bijgebleven was, was dat één van de drie mamma's steeds herhaalde, "Ik ben je moeder, zij niet."

De volgende morgen toen ze wakker werd, belde Robin meteen mijn stiefvader, want ze wist nu dat haar moeder meer dan één entiteit had die als het ware de show leidde.

Mijn stiefvader bevestigde dit en raadde Robin aan om een sessie met mij te boeken.

Zodra Robin begon te praten over het hele gebeuren, werd ik meteen gewaar van de verschillende wezens om haar moeder heen.

Ik legde aan Robin uit dat haar moeder haar verstand niet aan het verliezen was. Haar moeder had wat mijn stiefvader en ik een "meervoudige bezetting" noemen, wat betekent dat er zich, samen met haar, meer dan één wezen in haar lichaam bevindt.

Dit komt vaker voor dan je denkt. Wanneer iemand het moeilijk heeft om beslissingen te nemen en altijd het comité in zijn hoofd moet raadplegen, is dat omdat hij meerdere entiteiten daarbinnen heeft waarmee hij besluiten over dingen neemt. Dit draagt er ook aan bij dat bepaalde mensen zich de ene keer zó gedragen en een andere keer compleet anders. Dit is omdat het niet de hele tijd hetzelfde wezen is; er zijn verschillende wezens. Schizofrenie en meervoudige persoonlijkheidsstoornis zijn extreme gevallen hiervan.

Ik vroeg Robin of haar moeder in het verleden subtielere vormen hiervan had vertoond, bijvoorbeeld of haar moeder verschillende mensen leek op verschillende tijden en of ze dingen 'vergat' die ze behoorde te weten?

Aarzelend antwoordde Robin meteen, "Nou, eigenlijk wel ja."

"Het is zelfs zo, dat mijn broers en ik altijd grapten over de andere persoonlijkheid van onze moeder. Soms was ze de liefste en meest attente persoon die je je voor kon stellen en andere keren was ze net een totaal ander persoon. Oh mijn god, ik dacht dat we dat alleen maar zeiden. Oh, dit is te raar!"

Ik lachte en Robin zat een beetje verbijsterd aan de andere kant van de lijn.

Toen vroeg ze "Hoe gebeurt dit?"

Ik vertelde haar dat het niet zo ongewoon was en dat het bijvoorbeeld kan ontstaan als iemand op een bepaald moment besluit om niet meer te willen leven. In essentie hangen ze een 'te huur' bord op hun lichaam en een ander wezen kan dan aan boord komen. En als de originele bewoner niet echt doorheeft wat er gebeurd is, kan deze gewoon aanwezig blijven alsof er niets veranderd is. Maar in werkelijkheid neemt een ander wezen nu deel aan hun leven, bij besluiten nemen en het omgaan met mensen.

Het kan ook gebeuren wanneer iemand een groot ongeluk krijgt of een operatie of een andersoortig trauma aan het lichaam. Dit kan mogelijk maken dat een ander wezen binnen loopt. Het gebeurt meestal als iemand besloten heeft dat ze hulp nodig hebben met hun leven of dat ze iets niet alleen kunnen. Ze halen het andere wezen bewust of onbewust binnen om hen met dingen te helpen. Maar als iemand zich er onbewust van is, dan kan het erop uitlopen dat een of meer wezens de show leiden en alles kan een beetje overhoop raken.

Ik legde vervolgens uit dat de verwarring met het testament een heel oprechte was. Haar moeder had echt geen herinnering aan de conversatie met Robin over het testament omdat er een andere entiteit was die dat deel van haar bewustzijn of leven regelde. De volgende keer dat ze naar haar moeders huis ging om het testament te laten tekenen, moest ze vragen om de aanwezigheid van de entiteit die werkelijk het testament zou gaan tekenen. Ze hoefde het alleen in haar hoofd te vragen, niet hardop. Niets bijzonders, alleen

een simpel verzoek. Op die manier zou ze kunnen krijgen waar ze naar op zoek was.

Robin vroeg of er een manier was om de andere entiteit uit haar moeder weg te krijgen.

Ik vertelde haar dat je inderdaad entiteiten weg kunt krijgen, maar als de persoon een soort van betrokkenheid met de entiteit heeft, ze geneigd zijn de entiteit niet te laten gaan, vooral als ze het gevoel hebben dat een entiteit hen een dienst doet of hen op een of andere manier gezelschap houdt. En dit was het geval met haar moeder en haar entiteit. Robins moeder had blijkbaar een entiteit die haar financiën regelde. Ik weet dat dit een beetje bizar klinkt, maar dat is wat er gaande was. Het enige dat haar moeder hoefde te doen op een bepaald punt, om wat voor reden dan ook, was besluiten dat ze niet graag met geld omging of dat ze niet in staat was om dat te doen of iets dergelijks en voilà, een ander wezen kon dat doen.

We beëindigden de sessie en Robin was licht verbijsterd, maar klaar om haar nieuwe informatie uit te proberen.

Ze meldde me een paar dagen later dat ze inderdaad naar haar moeders huis was gegaan, had gevraagd naar de entiteiten die hadden ingestemd het testament te tekenen en ziedaar, haar moeder had getekend.

Dus hierbij een kleine tip voor je: als je met iemand te maken hebt die heel moeilijk doet, dan kun je het wezen, dat het makkelijkst is, vragen naar de voorgrond te komen, en je te geven wat je wilt. Raar maar waar.

Bij de Country Club

De Sunshine Coast van Oost Australië is een prachtig deel van de wereld, met kilometerslange gouden stranden en een schoon, vrijwel ongerept achterland. Ik heb daar in de loop der jaren aardig wat tijd doorgebracht en op een bepaalde avond ging ik met een paar vrienden naar een feestje bij een country club op een golfbaan vlakbij een weg die 'Murdering Creek Road' (*Moord-Beek-Weg*), heette. Zonder gekheid, hij heet écht zo. Je kunt je voorstellen hoe hij aan zijn naam gekomen is met alle Aboriginals en de goeie ouwe Britten. (Niet beledigend bedoeld Engeland, maar je weet wat je gedaan hebt).

Toen we arriveerden bij het feestje was de zon net onder aan het gaan en waaide er een warme bries. Iedereen was blij om elkaar te zien en de feestelijkheden waren gaande.

In eerste instantie had ik het net als iedereen geweldig naar mijn zin, maar naarmate de nacht vorderde, raakte ik geleidelijk aan meer en meer overstuur en werd bijna paranoïde. Ik kwam er maar niet achter wat me nou echt dwars zat en begon me te voelen alsof iedereen tegen me was en dat ik daar gewoon weg moest. Ik begon me te voelen alsof ik zou gaan huilen als iemand tegen me zou praten en omdat ik geen oplossing voor mijn stemming had, besloot ik te vertrekken.

Onderweg naar de deur, liepen twee meiden die bekenden van me waren langs mij en vroegen me met joviale nep-Aboriginal accenten om met hen buiten een sigaret te gaan roken.

Ik wilde niet roken, maar het voelde volledig alsof ik mee moest gaan. Dus gingen we naar de verst gelegen kant van het parkeerterrein en zaten daar in de nachtelijke schaduw van een hoge eucalyptusboom. De meiden grapten verder met elkaar met dik aangezette Aboriginal accenten en ze kregen door dat ik verbluft naar ze zat te kijken. Ze dachten dat ik beledigd was door hun spel, maar dat was het helemaal niet. Terwijl zij aan het grappen waren, realiseerde ik me wat er gaande was met mijn stemming. Er stonden letterlijk duizenden Aboriginal geesten rond die country club. Ik weet niet zeker waarom het zo lang duurde voordat ik het cognitief merkte. Zodra ik doorhad dat er zoveel voor me stonden, zag ik dat er geen eind aan leek te komen.

Het spreekt voor zich dat ze niet bepaald blij waren, wat een groot deel van mijn stemming bepaalde. Vanaf die avond kon ik dankzij die stemming bewust herkennen wanneer ik te maken had met grote groepen van onstoffelijke wezens. Die specifieke paranoïde chagrijnige stemming was zo gezegd mijn kanarie in de kolenmijn. Zij gaf me altijd een indicatie dat er iets was waar ik me meer bewust van moest zijn. Als ik me zodanig voelde, zou ik weten dat het met een grote groep entiteiten te maken had. Ik weet niet zeker waarom die specifieke stemming een indicatie gaf en geeft dat ik met grote groepen entiteiten te maken heb, maar het is zo. Ik leer gewoon de tekenen herkennen zodat ik beter doorheb waar ik heen ga.

Zodra ik alle wezens erkend had, die om mij heen stonden en die op alle mogelijke manieren probeerden mij te laten opmerken dat ze er waren, vertelde ik ze eenvoudigweg dat ze allemaal konden gaan. En mijn stemming veranderde ogenblikkelijk. Ik werd helder en vrolijk alsof er een zware wolk van me af was getild.

Zodra ik herkende waar ik mee te maken had en een simpele clearing kon gebruiken, veranderde de energie volledig. Ik hou ervan op deze manier de spijker op z'n kop te kunnen slaan. En het is wonderlijk hoe onvoorstelbaar makkelijk het kan zijn om dit soort dingen aan te pakken. Het enige wat we nodig hebben is het gewaar zijn en de tools om te veranderen wat er is.

Bezoek van een
Oude Familievriendin

Mary Wernicke, een oude familievriendin, was vanaf jongs af aan een groot onderdeel van mijn leven. Ze was als een oma voor me. Ze stierf van ouderdom nadat ze de laatste paar jaar van haar leven in Gary's huis doorgebracht had. Ik hielp haar bijna tot aan het einde van haar leven te verzorgen. Aangezien ze gedurende lange tijd veel pijn had, was het een opluchting voor Mary en onze hele familie toen ze heenging.

Op een morgen, kort na Mary's dood, lag ik thuis alleen in bed. Het huis had oude houten vloeren die regelmatig piepten en kraakten. Ik raakte vertrouwd met het specifieke geluid dat ze maakten als er een entiteit in huis was. Ik hoorde iemand bewegen in de woonkamer en was een beetje in shock. Ik had inmiddels over het algemeen gemak met entiteiten in mijn leven, maar zo nu en dan kon een geest een schok van angst bij me veroorzaken. Het moest wel een krachtige geest zijn, die niets minder dan mijn volledige aandacht opeiste.

Het advies dat ik ontelbare anderen had gegeven opvolgend, dwong ik mezelf mijn barrières tegen de entiteit naar beneden te duwen. En ziedaar, Mary's geest stak haar hoofd om de hoek van de deur naar mijn slaapkamer. Een moment later zat ze op het bed en legde haar hand over de mijne. Ze vroeg me hoe het met me ging en liet de meest zorgzame energie naar me toe stromen. Ze gaf me het gevoel dat er volledig om me gegeven werd en dat ik erkend werd. Ze had net een langgerekte dood doorgemaakt en was naar me toe gekomen om te kijken hoe het met mij was! Dat was het soort persoon dat Mary in mijn leven en in het hiernamaals was. Ze bedankte me voor het haar verzorgen voor haar overlijden. Ze zei dat ze nu dit bestaansniveau zou gaan verlaten, waarmee ze bedoelde dat ze deze realiteit of de wereld zoals we die kennen zou gaan verlaten. Ze wilde alleen een laatste keer gedag zeggen.

Het was de liefste uitwisseling van energie, vervuld van dankbaarheid, zorgzaamheid en expansie, en toen vertrok ze net zo snel als dat ze gekomen was. Het hele bezoek duurde ongeveer twee minuten. Ik weet nu dat als ik me, gebaseerd op mijn angst, tegen haar verzet had, ik haar onrecht aangedaan zou hebben en het proces van vertrekken moeilijker zou hebben gemaakt. Ze zou harder en harder hebben moeten proberen om alleen maar tot me door te dringen, me te bedanken en gedag te zeggen.

En, als we vasthouden aan een persoon en niet willen dat die gaat, dan zal dat het moeilijker maken voor de persoon die aan het overgaan is, om probleemloos de weg te vinden naar de andere zijde, vanwege de storende invloed van al onze gedachten, emoties en gevoelens.

Hoe Entiteiten Ons Kunnen Helpen

Tijdens de Grote Depressie (jaren '30), toen veel mensen in extreme armoede leefden, gebruikten sommigen de economische situatie in hun voordeel en verdienden vervolgens geld. In een situatie waar iedereen economische verwoesting zag, waren andere mogelijkheden zichtbaar voor mensen die bereid waren om een ander standpunt in te nemen.

Op vergelijkbare wijze stellen mensen, die welwillend zijn om een ander standpunt in te nemen over de dood, zichzelf open voor informatie die verder gaat dan wat we momenteel geloven wat waar en juist is in deze realiteit. Zij kunnen gebruik maken van de informatie die entiteiten hen geven om iets groters te creëren dan mensen die deze realiteiten niet willen waarnemen.

Ik woonde ooit in een appartement met erg luidruchtige bovenburen. Ze draaiden tot diep in de nachtelijke uren luide muziek. Ik had het gebruikelijke al gedaan door ze herhaaldelijk te vragen of de muziek wat zachter kon, maar ze deden het niet, en ze wilden dat eigenlijk ook niet. Op een nacht lag ik in bed en bedacht dat ik dat entiteiten-gedoe wel eens kon uitproberen. Ik vroeg of alle entiteiten in het appartement boven alsjeblieft de muziek uit wilden zetten. Precies op dat moment – boem! - ging de muziek uit en ging gedurende de rest van de nacht niet meer aan.

Natuurlijk dacht ik eerst dat dit "gewoon toeval" was. De volgende nacht was de muziek weer aan het pompen en dus vroeg ik mijn entiteit-vrienden om me te helpen. Net als de nacht ervoor ging onmiddellijk de muziek uit! Dit ging weken zo door tot het elektrische systeem in het appartement van mijn buren moest worden gerepareerd. Deze realisatie zette mijn wereld op z'n kop, (ik wist niet zeker wat het elektrische systeem op z'n kop zette,) maar het versterkte mijn gewaar zijn dat deze geesten verre van een droombeeld zijn en dat ze daadwerkelijk een realiteit zijn die bestaat, in de wereld die we delen.

Ik heb sindsdien getracht meer van dit soort spectaculaire resultaten te behalen door de entiteiten om hulp te vragen bij vele andere dingen en soms werkt het en soms niet. Wat ik wil is wat ik wil, maar het wordt niet altijd direct gehonoreerd of beantwoord. Soms zijn er andere krachten aan het werk die iets anders vereisen dan wat ik 'wil'. Hoe meer ik belang heb bij iets, hoe minder aannemelijk het is dat het uitpakt zoals ik wil. De grootste magie gebeurt doorgaans wanneer ik mezelf uit de weg ga. Wanneer we bereid zijn om hulp te vragen zonder de emotioneel/energetische investering in hoe dat eruit gaat zien, ontvangen we doorgaans het meeste.

Een ander cool voorbeeld van hoe entiteiten ons kunnen helpen, laat de film *The Sixth Sense* zien, met Bruce Willis in de hoofdrol. In de film heeft een jongen het vermogen om de geesten van mensen te zien die, in de meeste gevallen, op gruwelijke manieren gestorven zijn. Uiteraard worden die inclusief Hollywood dramatisering gepresenteerd, mét heel veel enge muziek.

Aan het begin van de film ontmoeten we Bruce Willis in zijn rol van kinderpsycholoog, en een jonge jongen. We leren al snel dat deze jongen het verbazingwekkende vermogen heeft om "dode mensen" te zien en voor het grootste gedeelte daar erg door getraumatiseerd is. Dus goeie ouwe Bruce begint eraan te werken om uit te vinden hoe hij het jochie kan helpen. Natuurlijk gelooft hij er in het begin niets van dat de jongen "dode mensen" ziet, maar uiteindelijk begint hij zich te realiseren dat de jongen ze werkelijk ziet. Bruce, in zijn oneindige wijsheid, begint de jongen aan te moedigen tegen de geesten te spreken en ze te vragen wat ze willen. Zodra de jongen ze bewust begint te assisteren, verandert het leven van de jongen ten goede. Dit maakt dat hij wat vrede vindt en dat hij de entiteiten kan assisteren. Aan het einde komen we erachter dat het karakter gespeeld door Bruce Willis feitelijk een entiteit is. Als de jongen niet bereid was geweest naar entiteiten te luisteren, dan had hij de assistentie, die hij van deze entiteit kon krijgen, gemist.

Hopelijk herken je inmiddels het patroon wat ik aan het benadrukken ben. Deze geesten zijn niet iets om bang voor te zijn. Jouw waarneming van deze entiteiten is een bron van waaruit je jouw leven en de levens om je heen kunt verrijken.

Hoe zou het zijn om de potentie van waarnemen voorbij aan onze vijf zintuigen te omarmen en in een veld van oneindige potentiële energie te reiken?

De meeste mensen die mij consulteren voor een sessie hebben twee vragen, "Heb ik entiteiten?" en "Wat zeggen ze?"

Erachter komen of je entiteiten hebt en ontdekken wat ze te zeggen hebben, kan heel belangrijk zijn en tegelijkertijd is het maar een heel klein stukje van een hele grote taart.

Communiceren met entiteiten en horen wat ze te zeggen hebben, bijvoorbeeld het krijgen van specifieke berichten, kan heel troostend en belangrijk zijn, en is naar mijn mening maar een klein onderdeel. Mensen neigen alle andere energie die doorkomt via entiteiten komt volledig te ontkennen, omdat het niet past in hoe zij hebben besloten dat het er uit moet zien. Het gevolg is dat mensen zoveel kunnen missen door te verwachten dat hun communicatie met entiteiten hetzelfde is als met belichaamde mensen. Bij het communiceren met entiteiten gebruik je een compleet andere spier dan wanneer je spreekt en omgaat met mensen. Je kunt niet voorover buigen met de spieren die je lichaam gebruikt om achterover te buigen. Je kunt niet communiceren met entiteiten door dezelfde spieren te gebruiken of op dezelfde manier waarop je dat met andere mensen doet. Dat is een belangrijke reden waarom mensen zo gefrustreerd raken wanneer ze "proberen" te spreken met entiteiten. Ze denken dat ze het niet kunnen, maar de realiteit is dat ze gewoon een halter met hun oorlel proberen te liften. Het zou stukken beter werken als ze hun handen zouden gebruiken.

Feitelijk is communicatie en interactie met entiteiten veel ruimtelijker en energetischer. Dat is waarom communiceren met entiteiten je toegang kan geven tot zoveel ruimte en vrijheid. Je openstellen voor die ruimte kan heel therapeutisch en helend zijn. Dat kan het zijn voor ons aan deze kant, maar ook voor hen aan de andere kant. Soms gaat het niet om de specifieke boodschap die een entiteit brengt, maar om de energie die ze te geven hebben.

Het is meer als het toelaten en ontvangen van de wind die overal om je heen waait, dan te proberen te begrijpen wat de wind bedoelde door tegen je aan te waaien.

Het leeuwendeel van de taart is de bereidheid om te ontvangen wat de entiteiten te bieden hebben. Het lijkt veel op het ontvangen van wat de natuur of de wind te bieden heeft. De natuur heeft ons geen cognitieve gedachten of rationele ideeën te bieden. De natuur geeft ons een gevoel van vrede en ruimte, een gevoel van genezing en vrijheid. Veel entiteiten zouden dit ook voor ons kunnen zijn als we er voor open zouden staan dat te ontvangen. Entiteiten bieden ons de gelegenheid om voorbij dat te kijken wat we denken dat echt is. Ze assisteren ons met het trainen van onze paranormale spieren. Ze dwingen ons vraagtekens te zetten bij onze realiteit en laten ons waarnemen op manieren die we niet gewend zijn.

Een van de grote blokkades bij het ontvangen van entiteiten is de wijdverbreide angst voor entiteiten. Het is mijn mening dat deze wijdverbreide angst voor entiteiten in feite hersenspoeling op grote schaal is. Ik weet dat de term hersenspoeling heel extreem en onplezierig kan klinken, maar dat is in feite waar we mee te maken hebben. Mensen weten eigenlijk niet eens zeker waarom ze bang zijn voor entiteiten, ze weten gewoon dat ze het zijn.

De hersenspoeling komt van films, tv, andere media, familieleden, vrienden en religie. Als je gelooft wat je in enge films over entiteiten ziet, geloof je dan ook in Sinterklaas en de Paashaas? Snap je wat ik bedoel?

Het enige probleem met entiteiten is het gevolg van het niet gewaar zijn dat mensen projecteren op de hele situatie. Wordt meer gewaar en de entiteiten zullen volgen.

Als je werkelijk meer gewaar wenst te zijn, dan is communiceren met entiteiten een uitstekende oefening om dat te bereiken. Communiceren met entiteiten is net als elke andere oefening. Als je een slechte conditie hebt, kan het in eerste instantie oncomfortabel en moeilijk zijn, maar hoe meer je het doet, hoe gemakkelijker het wordt. Het zal een steeds grotere bijdrage aan je leven zijn, net als iedere andere gezondheid bevorderende oefening.

Als iemand in je leven sterft en ze voelen onopgeloste zaken met jou, dan is er een kans dat ze naar je toe zullen komen om de situatie op te lossen. Als je ze negeert of weigert om ze waar te nemen, zal dat ze niet doen verdwijnen. Het zal er alleen maar toe leiden dat ze harder moeten werken om tot je door te dringen, ongeacht hoeveel mensenlevens het ook duurt.

Waarnemen, ontvangen, communiceren en met entiteiten zijn, kan zo makkelijk zijn als de wind die door je haren waait of in het water duiken. Het kost geen moeite, nou ja, misschien dat in het water duiken iets van moeite kost. Maar, zodra je leert te zwemmen, is het niet iets waar je over na hoeft te denken; je doet het gewoon. Wat als de geestenwereld net zo makkelijk deel uit zou maken van jouw realiteit en leven als de schoolslag? En wat zou het aan jouw leven kunnen toevoegen dat je je zelfs nog nooit hebt gerealiseerd?

De Entiteit die Kanker Veroorzaakte

Christine, een mooie, ietwat mollige tweeënveertigjarige vrouw kwam bij me vanwege haar moeder. Ze zei dat ze over me had gehoord en nieuwsgierig was. Ze leek niet nerveus of overstuur ondanks dat ze recent was gediagnosticeerd met borstkanker, dezelfde ziekte die haar moeder nog maar een jaar geleden had gedood.

Vanaf het moment dat Christine op de bank zat, nam ik heel sterk haar moeders aanwezigheid waar. Christine leek veel op haar moeder, maar dan jonger en blijer.

Ze dacht dat haar moeder bij haar was, maar wilde zekerheid en ik bevestigde dat ze er was. Haar moeder was niet alleen aanwezig, maar probeerde ook wanhopig om met haar dochter te communiceren.

Wanneer een entiteit met je wil praten en je luistert niet, of je kunt niet luisteren, of je weet niet dat je luistert, dan zal de entiteit steeds indringender worden om te proberen je aandacht te trekken.

De indringendheid van entiteiten kan zich op een aantal manieren manifesteren. Ze kunnen je hoofdpijn bezorgen, rugklachten, hoestjes, jeuk, koude rillingen, stress, plotselinge emoties en ziektes. Wat je maar kunt verzinnen; het kan zo verschijnen.

Voor Christine was het dezelfde borstkanker waar haar moeder aan gestorven was. Christines moeder trachtte zo wanhopig tot haar dochter door te dringen, dat haar nabijheid letterlijk veroorzaakte dat haar dochter haar vibratie dupliceerde. Net zo als het aantikken van een stemvork een vibratie creëert die maakt dat een andere er vlakbij met dezelfde frequentie gaat vibreren. In 'eenheid' weten, zijn, ontvangen en nemen we alles waar, van de gedachten en gevoelens van mensen tot en met de gedachten en gevoelens van entiteiten, of we ons daar nu bewust van zijn of niet. Als je in de winkel naast iemand in de rij staat die boos of verdrietig is, dan kan je plotseling boos of verdrietig worden en aannemen dat het jouw gevoelens zijn. In plaats van te vragen van wie die gevoelens zijn, neem je aan dat het van jou is. We worden beïnvloed en we beïnvloeden alles en iedereen met onze energie.

Ik vertel dit verhaal zodat je kunt gaan zien welke dynamische impact entiteiten hebben, ook al hebben ze geen lichaam. Dit is zelfs wetenschappelijk bewezen, als dat voor jou uitmaakt. Zelfs terwijl je deze woorden leest, reageert jouw lichaam op wat je aan het lezen bent in de vorm van energetische frequenties en chemische productie. Jij (wie "jij" dan ook bent) beïnvloedt jouw lichaam, de lichamen van andere mensen, de bank waar je op zit, de boom waar je naar kijkt, de aarde en het hele universum met jouw gedachten en gevoelens. Dit kan een nieuwsflits voor je zijn, als je je hele leven met de gedachte hebt geleefd dat je slechts een doodgewoon mensje bent met geen enkele macht of bekwaamheid.

Als iedereen gewaar zou worden van de manier waarop ze dingen creëren en beïnvloeden, hoe zou de wereld dan zijn?

Als je boos bent, vernietig je niet alleen je lichaam, maar ook de aarde. Hopelijk bedenk je je hierdoor twee keer voor je ervoor kiest ongelukkig of boos te zijn. Ik weet dat er heel veel redenen en rechtvaardigingen zijn voor deze gevoelens, maar zijn die het echt waard om de planeet voor te vernietigen?

Aan de andere kant, als je bewondering en dankbaarheid voor iets of iemand hebt, zal het sterker worden en beter voelen.

Jij hebt het in de hand. Als je je niet lekker voelt, kijk dan naar de gedachten die je hebt en de keuzes die je maakt – of de keuzes die anderen om je heen maken die je misschien oppikt en laat kristalliseren in jouw lichaam.

Christine deed precies dat. Ze was de energieën die haar moeder had gebruikt om haar eigen lichaam kanker te geven, aan het dupliceren.

Ik wees Christine hierop, die daar stomverbaasd zat terwijl deze nieuwe realiteit haar beeld van de wereld ontrafelde.

Vervolgens vertelde ik haar hoe ze alles ongedaan kon maken als ze daarvoor zou kiezen.

Ik begon met haar te instrueren haar moeder te vragen iets verder bij haar lichaam vandaan te gaan staan. Als we niet naar geesten luisteren, neigen ze steeds dichter en dichterbij te komen, alsof dat ons zou helpen om hen te horen. Het is net als schreeuwen tegen een dove; het maakt niet uit hoe luid je bent, ze zullen je nog steeds niet horen. Dus zul je een andere manier moeten vinden om te communiceren, met gebarentaal of het geschreven woord. Als je moeite hebt om te communiceren met de entiteiten waarvan je weet dat ze tot je door proberen te dringen, vind dan een andere manier om te luisteren. Probeer te luisteren, niet met je oren, maar met je gewaar zijn.

Zodra haar moeders geest bij Christine's lichaam weg stapte, voelde Christine zich onmiddellijk beter, zoals je je wel voor kunt stellen. Het gaf Christine ook keuze in de situatie, wat haar een groter gevoel van kracht gaf.

Met de ruimte die ze creëerde, kon Christine haar moeder duidelijker voelen. Ze begon zichzelf permissie te geven om deze werkelijkheid te hebben. Ik moedigde haar aan om haar eigen communicatie met haar moeder te hebben in plaats van op mij te rekenen voor alle antwoorden. Gebruikt worden als een Ouija bord of een waarzegger was altijd al één van mijn grootste ergernissen. Ik probeer altijd mensen te gidsen en te leren hoe ze zelf met dode mensen kunnen communiceren, zodat ze met hun eigen tools vertrekken en niet alleen maar met een ervaring. Christine was hierin heel bedreven; ze was beter dan ze ooit voor mogelijk had gehouden in staat om haar moeder te horen en waar te nemen.

Ik vroeg Christine of het reëel voor haar was dat de borstkanker die in haar lichaam verscheen eigenlijk weleens van haar moeder zou kunnen zijn. Alhoewel dit een grote sprong voor haar was, zag ze dat dit, inderdaad, wel waar zou kunnen zijn.

Vanwege mijn aanmoediging begon Christine echt een gevoel te krijgen over hoe behoeftig haar moeder was en hoeveel ze Christine oplegde. Dit was een openbaring voor haar, want ze voelde zich sinds de dood van haar moeder zó uitgeput en vermoeid. Deze nieuwe realisatie voelde als een enorme opluchting.

Vanuit haar nieuwe gewaar zijn was ze in staat om een simpel verzoek te doen aan haar moeder om alsjeblieft te stoppen. Daarmee realiseerde haar moeder zich wat ze aan het doen was. Geloof het of niet, maar haar moeder was zich niet bewust van de impact die ze op haar dochter had. Dat ze een geest was wil nog niet zeggen dat ze slimmer of meer gewaar was dan wij. Christine en haar moeder haalden allebei iets uit deze sessie.

Ik vroeg Christine of ze wilde dat haar moeder zou blijven of weggaan. Ongeacht Christine haar gewaar zijn, zou haar verlangen naar haar moeders aanwezigheid heersen over haar moeder. Christine realiseerde zich dat ze onbewust gehoopt had dat haar moeder haar niet zou verlaten. Ik vroeg haar moeder of ze wenste verder te gaan, en ze leek niet eens te weten dat ze verder kon of waar ze naartoe kon. Ik informeerde beiden dat het niet noodzakelijk voor haar was om verder te gaan, maar dat het een keuze was die misschien voor beiden veel kon veranderen, en dat ze, wanneer ze daar klaar voor waren, die keuze konden maken.

Ik liet Christines moeder de ruimte zien waar ik andere entiteiten heen had zien gaan. Naar het licht, zogezegd. Op een of andere manier had ze het helemaal gemist.

In plaats van dat de sessie een conclusie creëerde, maakte deze de weg vrij voor nieuwe mogelijkheden. Christine en haar moeders geest vertrokken een beetje overdonderd en geschokt.

Christine belde me een paar dagen later en liet me weten dat zij en haar moeder samen hun vrede hadden gevonden en dat haar moeder daarna was vertrokken. Ik kon merken dat het moeilijk was voor Christine om zich te realiseren dat haar moeder weg was, maar ze was ook ontzettend opgelucht om haar ruimte en haar lichaam voor zichzelf te hebben.

Ik vroeg haar of ze alsjeblieft nog een controle bij de dokter wilde laten doen voordat ze met chemotherapie zou beginnen voor 'haar' borstkanker. Ze stemde in, maar lachte nog steeds over de mogelijkheid dat de kanker zomaar zou verdwijnen.

En inderdaad, ze ging voor de controle en voilà! De kanker was weg; ik houd je niet voor de gek.

De moraal van dit verhaal: als je een probleem hebt, vraag dan van wie het is, want misschien is het niet eens van jou.

Een huis in Zweden waar het spookt

Ik was in 2005 in Perth, Australië, waar ik een workshop over gewaar zijn en entiteiten gaf.

Ik vind het heerlijk om in Australië te werken. Ik vind de mensen daar echt open-minded en makkelijk om aan te presenteren. De Australiërs staan bekend om hun gemoedelijkheid en hun vrije geest. Het nationale motto is "No worries" ofwel "geen zorgen".

Toen ik voor de eerste keer naar Sydney vloog kreeg ik hiervan een geweldige demonstratie. Het vliegtuig kwam in een luchtzak terecht en viel zes meter naar beneden. Alle Amerikanen aan boord schreeuwden het uit van angst en alle Australiërs lieten een grote "WOOO-HOOO!" horen. Ik dacht, "Wauw, ik kom uit het verkeerde land." Perth is een geweldige, afgelegen plek, de meest geïsoleerde stad in de wereld. Iedere dag voelt als een zondag.

Ik had heel veel Aussies in de les, evenals een verrukkelijk Zweeds stel: Birgitta en Peter.

Birgitta stak haar hand op en vroeg me naar haar ouderlijk huis in het zuiden van Zweden, dat haar moeder nog steeds bezat en probeerde te verkopen. Om onverklaarbare redenen, wilde niemand het kopen, ondanks dat het zeer aantrekkelijk was.

Toen ik afstemde op het huis, merkte ik dat het er erg spookte. Soms verkopen sommige huizen en onroerend goed niet, zelfs niet als ze onder de marktwaarde aangeboden worden en een geweldige koop zijn, omdat het er spookt.

Heb je ooit een etalage gezien die steeds van winkeleigenaar wisselt? Het maakt niet uit wie de eigenaar is, ze gaan allemaal over de kop. Dat is vaak omdat het op die plek spookt en de entiteit die er rondspookt de huurders eruit werkt.

Birgitta's huis was al sinds de eeuwwisseling in de familie en er had al een poos niemand in gewoond. Ik vroeg de cursisten of ze wilden leren hoe je een spookhuis op afstand kan klaren en iedereen was zeer geïnteresseerd. Ik begon met tonen hoe je dat doet, maar verbazingwekkend genoeg kwam ik niet verder met het klaren van het huis. Normaal gesproken ben ik zeer succesvol in het klaren van entiteiten van een afstand, maar niet met deze plek. Ik kwam er niet achter waarom. Ik grapte tegen Birgitta dat ik erheen zou moeten om deze aan te pakken.

En wat denk je, twee weken later stapte ik uit een vliegtuig in Kopenhagen, Denemarken, en liep door de lobby van het vliegveld langs een glinsterende display van belastingvrije goederen. Ik overhandigde mijn paspoort aan de douanebeambte en vertelde hem dat ik vrienden ging bezoeken. Ik vermeldde niet dat sommige van die vrienden dood waren. Vanaf het vliegveld stapte ik op een trein die me snel meevoerde over de zee-engte die Denemarken en Zweden van elkaar scheidt. Birgitta, met haar pientere ogen, pikte me op bij de eerste halte. We reden naar de stadsrand van Malmö, door de open velden, omringd met bomen in nieuw lentegroen, naar het dorp waar het huis van haar familie stond.

Alhoewel we het plan hadden het huis te klaren van entiteiten, moest ik deze klus benaderen zonder een verwachting te hebben van hoe de uitkomst eruit zou zien. Zouden alle entiteiten in het huis bereid zijn om weg te gaan? Zou het huis verkopen na de clearing? En natuurlijk, zou Birgitta krijgen wat ze wilde uit onze tijd samen?

Alhoewel Birgitta alle entiteiten in het huis wenste te klaren, wist ik dat ik met geen mogelijkheid kon garanderen dat dit zou gebeuren. Alleen omdat *wij* willen dat de entiteiten het huis verlaten, betekende nog niet dat dat is wat *zij* willen. We zouden bijvoorbeeld een entiteit tegen kunnen komen met de opgedragen taak het huis te bewaken, die niet bereid zou kunnen zijn om dat op te geven. Sommige entiteiten kunnen overgehaald worden om niet langer aan deze taken, waaraan ze zo toegewijd zijn, vast te houden, maar soms kan dat niet. Meestal kan er met genoeg bewust zijn, wel iets geregeld worden.

Het huis stond aan een smalle laan, omgeven door andere huizen. Zoals zovele oudere onbewoonde huizen voelde het verdrietig aan, alsof het huis zelf eenzaam was. Naast het huis stond een stenen schuur met een betonnen vloer en drie kamers erboven. De schuur, die gebruikt was voor het verwerken van honing van de bijen van Birgitta's oma, trok als eerste mijn aandacht.

Ik wist onmiddellijk dat er iemand in de schuur gestorven was. Hoewel de geest van de persoon die daar gestorven was niet meer in de schuur was, kon ik merken dat er een sterfgeval was geweest. De schuur herinnerde zich het voorval en liet het me weten alsof hij een telegram stuurde dat ik in mijn hoofd ontving. Toen dacht ik, "Is er ook iemand onder de schuur begraven?"

Birgitta was terughoudend me het verhaal over de schuur te vertellen, omdat ze bang was dat ik zou flippen. Ik zei haar dat het niet uitmaakte of ze me het verhaal zou vertellen of niet, omdat ik de hele gebeurtenis kon waarnemen die voor me afgespeeld werd. Is dat een zegen of een vloek? Ik weet 't niet zeker.

Wat ik waarnam was bloed en woede. Ik weet zeker dat ik onbewust een heleboel andere details tegenhield. Ik heb een manier om precies genoeg door te laten komen zodat ik informatie krijg, maar niet zo veel dat ik ga flippen. Soms is het zien van de dood van mensen en het voelen van hun gevoelens tijdens dat proces TVI (Te Veel Informatie).

Blijkbaar hadden Birgitta's moeder en tante vroeger in de honing business gezeten en gebruikten ze de schuur voor productiedoeleinden. Ze hadden een groot stuk gereedschap geleend van een vrouw, een collega honingmaker in het dorp. Deze vrouw verscheen op een dag bij de schuur en eiste haar apparatuur ongeduldig terug. Het gereedschap was groot en zwaar en stond op de bovenverdieping van de schuur. Geen van de mannen van de familie was thuis op dat tijdstip en Birgitta's moeder probeerde de vrouw ervan te overtuigen om te wachten tot iemand die sterker was weer thuis zou zijn, zodat die de apparatuur langs de steile trap kon verplaatsen. De vrouw was het er niet mee eens en stond erop dat ze het met z'n drieën naar beneden konden tillen. Terwijl de drie vrouwen trachtten het grote, zware gereedschap zelf te verplaatsen, gleed deze opdringerige vrouw van de trap, brak haar schedel op de cementvloer en bloedde dood. Haar geest was al lang weg; het bewustzijn van het gebouw gaf me al deze informatie, niet de geest van de vrouw. Aangezien er geen entiteit van deze gebeurtenis te verwijderen viel, gingen we verder naar het huis.

We begonnen in de hal, een kleine ruimte met een jassenrek en een zitkamer aan weerszijden. Ik begon ermee Birgitta te laten zien hoe ze de tools kon gebruiken om vast te stellen waar entiteiten waren, ze te laten verdwijnen en te weten wanneer ze vertrokken waren. Ze was opgewonden bij het vooruitzicht entiteiten te zien en in staat te zijn om ze te klaren. Ik vroeg haar om haar eerste instinct te vertrouwen en van daaruit gingen we verder.

Ze wees naar de linkerkant van de kamer en ik bevestigde dat er inderdaad een wezen stond. Ik instrueerde haar om de simpele vragen voor het klaren te gebruiken en, poef! Het wezen was weg. In dit geval was het niet eens nodig om met de entiteit te praten of om vragen te stellen. Zodra we de aanwezigheid ervan erkenden en een paar simpele tools gebruikten, vertrok hij.

Bijzonder opgewonden over het vermogen te kunnen waarnemen wanneer een wezen vertrok, gingen Birgitta en ik verder naar de volgende entiteit in de hal. We klaarden alleen al in de hal verscheidene entiteiten, wat een vrij kleine ruimte was, en gingen toen verder naar de rest van het huis.

Toen we in de eerste zitkamer kwamen, herkende ik een entiteit die sterker was dan die we waren tegengekomen in de hal. Haar aanwezigheid was veel tastbaarder. Ik wist dat het ons iets interessants zou opleveren om aan te werken, maar ik liet Birgitta haar analyse van de kamer doen voordat ik iets noemde. Ik vroeg Birgitta waar ze zou willen beginnen en onmiddellijk wees ze naar de grote fauteuil waar de entiteit zat. De entiteit was een jong, blond meisje dat ongeveer zeven of acht jaar oud leek. Ze droeg een korte witte jurk die modieus zou zijn geweest in de jaren '30. Ze was vrolijk en liet ook een bezorgdheid blijken, maar ik kon niet bespeuren wat de zorg was.

Birgitta en ik begonnen ermee te proberen haar simpelweg te klaren, maar zonder resultaat. Ik vroeg de geest van het meisje of ze zou willen blijven of dat ze het huis zou willen verlaten en ze liet me weten dat ze inderdaad zou willen vertrekken, maar dat het haar niet was toegestaan om dat te doen. Ik legde aan Birgitta uit wat ik opving en ze zei, "Dat is zo vreemd". Ze nam me mee naar de volgende kamer waar een oude foto van dit jonge meisje in de dertiger jaren was. Toen rommelde Birgitta in een la en haalde nog een foto tevoorschijn, van het meisje in een doodskist in de woonkamer van het huis. Het meisje was een achter-achternichtje van Birgitta. Ze was gestorven aan koorts en haar wake was in het huis gehouden. Dit verklaarde wel waarom ze hier was maar niet waarom het haar niet vrijstond om te vertrekken.

Omdat niets wat ik deed dit wezen klaarde, lieten we haar voor wat ze was en gingen verder naar de eetkamer. Ik vroeg Birgitta waar ze in deze kamer wilde beginnen en ze wees onmiddellijk naar een grote chinese mahoniehouten kast in de hoek. We stelden de gebruikelijke vragen om entiteiten te laten verdwijnen, maar de energie rond dit stuk meubilair veranderde of bewoog niet. We moesten het nog verder onderzoeken en zoals ik vermoedde, was dit een portaal. Ik besprak dit met Birgitta en samen vroegen we, "Is dit een portaal?" We kregen allebei een "ja".

Notitie terzijde: Als je tot nu toe nog niet dacht dat dit boek vreemd was, dan staat het op het punt dat te worden.

Portalen zijn doorgangen of vensters waardoor entiteiten deze realiteit of dimensie in en uit kunnen gaan. Als je niet gelooft in meerdere dimensies, de wetenschap heeft bewezen dat het zo is, dus geloof het. Een persoon, plaats of ding kan een portaal zijn, zoals de kledingkast in *The Lion, the Witch and the Wardrobe* uit *The Chronicles of Narnia*.

Een portaal sluiten is doorgaans heel gemakkelijk en het kan aanzienlijke veranderingen in de levens van mensen creëren, evenals in hun leefruimtes. Normaal vraag je het portaal gewoon om te sluiten en dan doet het dat. Portalen kunnen ook een handhaver, een bewaker of een bestuurlijke entiteit hebben die ze openhouden. Als echter meerdere van deze handhavers of bestuurlijke entiteiten het portaal openhouden, zal je het niet kunnen sluiten tot die entiteit of entiteiten zijn verwijderd.

In dit geval probeerden we het portaal in de kast te sluiten maar het wilde niet dicht. Het kostte me maar even om de punten met elkaar te verbinden. De geest van het jonge blonde meisje was de bestuurlijke entiteit voor dit portaal. Ik vroeg aan het meisje of ze deze taak wilde behouden en ze antwoordde, "Nee". Het enige dat ik hoefde te doen, was zeggen dat ze haar taak goed had gedaan en dat ze nu vrij was om te gaan en poef!, ze was weg en zo ook het portaal.

Het is interessant hoe, als je bereid bent om dingen te zien die anders dan anders zijn, je zoveel verandering kunt creëren met nauwelijks tot geen moeite.

Kijk alleen maar eens hoeveel moeite mensen kunnen stoppen in het veranderen van bepaalde gebieden in hun leven, zoals hun relaties, lichaam en geldsituaties, terwijl het al die tijd entiteiten kunnen zijn die het probleem veroorzaken.

Van de eetkamer gingen we door naar de keuken, waar energie lukraak alle kanten op schoot. Er was een deur naar de achtertuin, een deur naar de bijkeuken, en twee deuren die naar andere grote kamers leidden, die werden gebruikt voor gezelschappen en speciale gelegenheden; de keuken was waar de familie het grootste deel van de tijd had doorgebracht. De energie van al die familieactiviteit hing nog steeds in de keuken. Het voelde net zo druk als een metrostation in New York City. Ik voelde de energie van een klein oud vrouwtje, maar ik zei dit niet tegen Birgitta. Ik wachtte om te zien of ze het uit zichzelf zou oppikken.

"Waar wil je beginnen in deze kamer?" vroeg ik.

We klaarden een paar verschillende energieën, en toen zag ze iets dat haar leven voor altijd zou veranderen. Tot op dit punt in haar leven had Birgitta niet bewust een entiteit gezien. Dit geldt voor de meeste mensen, met uitzondering van de één of twee gelegenheden waar iemand een glimp opvangt van een overleden geliefde of iets dergelijks, voordat ze snel de deur dichtslaan voor de entiteit, ofwel uit angst, ofwel uit ongeloof.

Birgitta stond daar, zo stil als een boom, mond wijd open, haar ogen puilden uit haar hoofd.

Ze keek me aan, zo koel als wat, en verkondigde dat ze net haar oudtante had gezien.

"Zij kookte altijd alles voor de speciale gelegenheden van de familie. Oh, dat klopt helemaal! Ze loopt van de voorraadkast naar het fornuis!"

Birgitta was een beetje in shock en bleef steeds naar me kijken om te bevestigen dat ze dat zojuist echt gezien had. Ik kon niets doen, behalve het zo *niet*-vreemd en zo aannemelijk mogelijk maken, dat ze met haar eigen ogen een geest aan het observeren was. Alhoewel dit voor mij een alledaagse aangelegenheid is en ik er weinig tot niets van denk, schijnt het zien van dit soort dingen mensen de stuipen op het lijf te jagen.

We gingen vooruit en Birgitta's gewaar zijn en gevoeligheid waren aan het ontwaken en verbreedden zich. Ze had hierom gevraagd – vraag en 'gij zult ontvangen'.

Het ging haar de pet te boven dat ze zo duidelijk haar oudtante kon opmerken. Ik zag een mogelijkheid om Birgitta's bewust zijn nog meer te openen, dus ik raadde aan dat ze in gesprek gingen.

Ik legde Birgitta uit dat entiteiten niet altijd weten dat ze dood zijn of wat ze aan het doen zijn.

Ik legde uit dat ik vaak de entiteiten attent maakte op het feit dat ze dood waren en dat ze andere keuzes hadden die ze konden maken.

Dus Birgitta's eerste vraag was, "Weet je dat je dood bent?"

Tante antwoordde, "Natuurlijk, liefje!"

Toen vroegen we, "Waarom ben je dan nog steeds hier?"

"Ik ben aan het koken."

"Voor wie?"

Met die vraag was er een beetje een kortsluiting in Tante's ruimte. Ze had die vraag niet aan zichzelf gesteld of zelfs de moeite genomen om op te merken dat er niemand was om voor te koken. Dit soort dingen gebeuren vaak met mensen die zichzelf identificeren met een bepaalde activiteit; ze schijnen niet op te merken dat ze een keuze hebben om iets anders te doen, dus blijven ze steeds hetzelfde doen nadat ze dood zijn. Hoe wordt het nog vreemder dan dat?

Het is raar dat mensen geloven dat wanneer je dood gaat, je meer wordt dan tijdens je leven of zoiets. Dit is niet waar; wezens gaan vaak in het leven na de dood door met hun zelfde rol, zonder zelfs op te merken dat dingen veranderd zijn.

Birgitta en ik werden de vibratie die haar oudtante zou uitnodigen om te vertrekken, wat de tante uiteindelijk ook besloot te doen. De vibratie worden voor een entiteit is anders dan een gesprek hebben. Praten met levende, belichaamde mensen neemt meer tijd in beslag. Entiteiten communiceren erg snel. Ze geven hun communicatie in één snelle download, niet in lineaire zinnen zoals wij doen in een conversatie. Dat is omdat ze geen tijd en ruimte ervaren op dezelfde wijze als wij dat doen. Voordat jij jouw gedachte af hebt, geven zij al antwoord. Je kunt in een fractie van een seconde met grote concepten omgaan met entiteiten; je hoeft geen tijd te besteden aan vocabulaire. Dus we nodigden met onze vibraties Birgitta's tante uit om te vertrekken – zonder woorden, maar met de vibratie van een andere mogelijkheid.

Ik vind het een stuk makkelijker om op deze manier met entiteiten te communiceren. Je kunt veel missen als je het probeert af te remmen naar een normaal gesprek.

Met een entiteit moet je telepathisch zijn, wat zeer niet-lineair kan zijn. Entiteiten geven me plaatjes en gevoelens, alles in één keer. Ze geven de hele download in één keer en ik moet het verhaal ontcijferen. Als je de film *The Matrix* hebt gezien, dan snap je beter wat downloaden is. Het is wanneer je een golf van informatie in één keer ontvangt. Heb je ooit een vloed of een schok of een rilling aan energie op enig willekeurig tijdstip door je heen voelen gaan? Dat is als een download. Het komt en gaat erg snel. Met entiteiten heb ik geleerd de golf te vertragen en het op te vangen, bij wijze van spreken, zodat ik de informatie kan doorgeven. Om dit te kunnen doen moet je zorgen dat je alert en gewaar blijft. Soms kan hun communicatie erg subtiel zijn en andere keren kan het behoorlijk gedetailleerd of intens zijn.

Om écht communicatie van entiteiten te ontvangen, moet je eerst en vooral jezelf vertrouwen. Vertrouwen dat je het niet aan het verzinnen bent of dat je gek bent, speelt een gigantische rol in dit alles.

Nadat we tevreden waren met de keuken, gingen Birgitta en ik verder het huis door en klaarden we nog veel meer entiteiten. Aan het eind van onze toer tolden onze hoofden van de lichtheid en de ruimte die we hadden gecreëerd in het eerder overbevolkte huis. We keerden terug naar de schuur om die te controleren op entiteiten en we ontdekten dat alle entiteiten, die daar waren geweest toen we aankwamen, al waren verdwenen. We hadden zoveel beweging en energie in het huis gecreëerd door alle entiteiten te laten verdwijnen dat de wezens in de schuur tegelijkertijd verdwenen waren.

Een huis klaren (of 'clearen', ontdoen van entiteiten), kan gemakkelijk of heel veel werk zijn, maar het is altijd een leerzame ervaring. Ik ben steeds weer onder de indruk van hoe uniek iedere situatie is. Er is niet één standaard-manier om entiteiten te klaren, althans niet dat ik tot nu toe gevonden heb, en er zijn zoveel vreemde dingen in de wereld waar ik nooit de toegang toe zou hebben om het te zien, als de entiteiten er niet geweest waren. Wie ooit zei dat magie niet echt is, was een complete idioot.

Op een Spookachtige Nacht Mijn Zus helpen

In onze familie, refereren we gekscherend aan mijn jongere zus Grace, als "Marilyn Munster." We lachen over de manier waarop de rest van ons zo... eigenaardig is, terwijl Grace zo normaal is. Ze is vriendelijk, beleefd en mooi. Ze werd zelfs geboren met blond haar, terwijl de rest van ons donker, bijna zwart haar heeft. Ze is de jongste van vier kinderen en is altijd de lijm geweest die ons allemaal bij elkaar houdt.

Grace leek altijd in staat om 'normaal' uit te stralen of te lijken, terwijl ze ondertussen in bijzonder buitengewone, vreemde dingen geloofde, zoals geesten, gewaar zijn en dat soort dingen. Ze geloofde er altijd al in, maar nam nooit echt de moeite er openlijk over te spreken. Dat liet ze over aan haar meer uitgesproken broers en zussen en haar ouders, die tegen iedereen die maar luisteren wilde, spraken over de vreemde dingen die we in het universum zagen gebeuren. Grace glimlachte liever liefjes en liet mensen tot hun eigen gewaar zijn en conclusies komen over welk, niet bepaald correct, politiek onderwerp dan ook dat besproken werd.

Maar er kwam een moment dat Grace er niet langer omheen kon, om te kijken naar en om te gaan met sommige vreemde dingen waar haar grote zus mee om ging.

Het was twee uur op een zomerochtend en ik was in San Francisco toen ik wakker werd van een tekstbericht van Grace, die in Santa Barbara was.

"Shannon, wanneer kom je naar huis?" vroeg ze. "Ik ben bang om helemaal alleen in het huis te slapen". Gary was weg en ik wist uit persoonlijke ervaring dat dit huis, dat dicht bij de oude Spaanse Missiepost in Santa Barbara ligt, vrij actief kon zijn met geesten.

Veel van de Indianen en Spanjaarden die de missie gebouwd hadden in 1786, zijn verspreid over het terrein dat recht naast zijn huis ligt, begraven.

Plus, de geesten schijnen tot Gary aangetrokken te worden, die geen standpunt heeft over het met hen samenwonen.

Een paar jaar geleden sliep ik in het huis en werd bijna overweldigd door het aantal bezoeken dat ik meemaakte. Er was een constante stroom van entiteiten die door de kamer ging en niet te vergeten een zeer aanwezige kerel die bij het bed stond en maar niet ophield met praten. De volgende morgen zei ik tegen Gary, "Hoe slaap jij in dit huis? Er zijn zoveel entiteiten!"

Hij zei, "En je punt is?"

"Storen ze je niet?"

"Nee, ik maak ze niet significant."

Dat was voor mij een nieuwe manier om naar dingen te kijken.

Toen ik van Grace hoorde dat ze niet kon slapen, wist ik echt wel wat ze meemaakte; ik wist dat het *niet* haar verbeelding was. Ik belde haar de volgende morgen (het lukte me om 2 uur in de ochtend niet om zó wakker te worden dat ik haar terug kon bellen) om een verslag te krijgen van haar nachtelijke avonturen en om te zien of ik haar kon assisteren. Ze vertelde me dat ze wakker was geworden in doodsangst en nachtzweet. Niet in staat om iemand via de telefoon te bereiken, hield ze zichzelf wakker met de televisie tot zes uur in de ochtend. Toen het eenmaal licht begon te worden, merkte ze dat ze kon slapen.

Ik begon ermee haar te vragen of de dingen die ze meemaakte met entiteiten te maken hadden. Ik wist dat het zo was, en zij wist dat het zo was, maar door haar de vraag te stellen, moest ze het hardop erkennen. Ik vroeg haar of ze wilde dat ik haar liet zien hoe je met ze om kan gaan.

"Ja?", zei ze, niet echt zeker of ze hiermee in wilde stemmen, maar zich er ook van bewust, dat ze er na zo'n nacht niet omheen kon. Ik wist ook dat dit een gelegenheid was om haar te assisteren bij het leren om te gaan met entiteiten.

Ik vroeg haar te gaan zitten en zich af te stemmen op de energie. Door dit te doen zei ze simpelweg *ja* tegen de geesten, zodat de energie vrijelijk tussen hen kon stromen. 'Afstemmen op' is zoiets als wanneer je aan het strand of in de bergen bent en je voelt echt de *vibe*, de vibratie van de omgeving. Je laat de ruimte op je inwerken en je neemt het op. Alleen al present zijn met iets dat niet tegen je kan spreken met woorden en alleen die vibratie te voelen, kan een goed begin zijn.

"Oké, en nu, wat vang je op?"

"Ik voel me duizelig."

"Goed," zei ik. "Ga door. Wees gewoon present."

De duizeligheid kwam omdat ze haar barrières tegen de entiteiten omlaag aan het brengen was. Present blijven met de duizeligheid, zou de barrières voor datgene waar ze zich 's nachts tegen had verzet omlaag halen. In feite waren we de deur naar gewaar zijn aan het openen zodat het door kon komen.

Zoals de meeste mensen had ze, bewust of onbewust, een grote barrière opgetrokken tegen de entiteiten zodra die zich lieten zien. Haar duizeligheid was het gevolg van de ruimte die groter werd, naarmate de barrières naar beneden gingen. Gewaar zijn voelt verruimend aan en het kan je ook licht in je hoofd of duizelig maken. De meeste mensen denken dat het iets slechts is, maar dat is het niet.

Let wel, toen ik haar vroeg om af te stemmen op wat ze dan ook waarnam met de geesten, kwam dat niet tot haar in de vorm van woorden of plaatjes. Het kwam tot haar in de vorm van lichtheid in het hoofd. Dit gevoel of besef van lichtheid in het hoofd kwam door de entiteiten die met haar communiceerden.

Veel van het werk dat ik doe met mensen en entiteiten is non-verbaal. Alleen al door te kijken naar een bepaalde energie of bewust te zijn van een bepaalde entiteit, zal het gaan veranderen. Dit vereist van alle betrokken partijen de bereidheid om zeer gewaar te zijn en sommige wel heel subtiele dingen te erkennen.

Dus eerst waren we gewoon present met wat er was, zodat het ons kon laten zien hoe we ermee verder zouden kunnen.

Door haar deze eerste vragen te stellen, konden we ons allebei open stellen voor de energie, die door deze geesten gepresenteerd werd.

Voor de meeste mensen is deze fluctuatie van energie zo subtiel, dat ze gemakkelijk gemist wordt, maar door regelmatig te oefenen kan een hoge gevoeligheid voor het ritme en de beweging van de energie ontwikkeld worden. Met deze sensitiviteit kunnen telepathische en psychische communicatie makkelijker herkend en ontvangen worden, in het bijzonder met entiteiten.

"Cool!" zei ik tegen haar. "Dat was je eerste grondige communicatie met een entiteit. Het betekent misschien niet dat je woorden of gedachten hebt gekregen, maar het was toch een energetische communicatie."

Ze vroeg, "Is dat alles wat ze nodig hadden?"

"Klopt!"

"Wauw, dat was een stuk makkelijker dan ik dacht."

In dit geval was Grace met de geesten aan het communiceren zonder woorden en zeker zonder haar verstand.

Ik heb gemerkt dat communiceren met zowel belichaamde wezens als lichaam-loze wezens ongeveer 10% verbaal en 90% non-verbaal is Iedereen denkt dat ze niet met entiteiten kunnen communiceren omdat ze hen niet kunnen 'horen' of 'zien'. Deze manier van denken tempert en limiteert wat er kan verschijnen. Als je het gewaar zijn en de energie die verschijnt erkent, die onlogisch of moeilijk te definiëren zijn, dan wordt het begrijpen van de communicatie van entiteiten een stuk gemakkelijker.

"Hoeveel entiteiten zijn er nog meer voor jou om iets mee te doen?" vroeg ik mijn zus.

Ik voelde haar aarzelen. Ik vroeg, "Wil je alle standpunten die je hebt over dat dit niet kan gebeuren en dat jij dit echt niet kan doen, vernietigen en ontcreëren?"

"Ja," zei ze.

Ik vroeg haar opnieuw, "En, hoeveel entiteiten zijn er nog meer voor jou om iets mee te doen?"

"Bergen!"

"Willen ze met jou praten of met iemand anders?"

"Iemand anders."

Ik zei, "Ondanks dat de communicatie die ze willen hebben niet voor jou is, kunnen ze zien dat jij ze kunt horen. Dat is waarom ze naar je toe komen. Als je hun informatie ontvangt, zullen zij het energetisch aan je geven of naar jou downloaden. Je hoeft het bericht niet te horen, om te weten dat je het bericht hebt ontvangen. Je hoeft je alleen bewust te zijn van de energie."

"Wanneer de belichaamde persoon voor wie het bericht bestemd is jou voorbij loopt op straat, voorbij rijdt op de snelweg, jouw hand schudt, of binnen een redelijke nabijheid jou passeert, zal de energetische communicatie van jou naar diegene toestromen. Op deze manier worden we kanalen voor het verplaatsen en uitwisselen van energieën."

Op deze manier komt er gemak bij kijken. Het was een grote opluchting voor Grace om zich te realiseren hoe gemakkelijk het kon zijn. Ze dacht dat ze alles wat de entiteiten zeiden cognitief uit moest vogelen. Alhoewel dit één van de manieren is om met entiteiten en al het andere te communiceren, is dit niet de enige manier.

Ik hoorde dat ze zich in haar hoofd afvroeg, hoe dit haar leven zou gaan veranderen. Bij het zien van de mogelijkheid voor nog meer efficiëntie vroeg ik haar, "Kan je ook met hele groepen entiteiten tegelijk praten?"

"Ja."

"Hoeveel kun je tegelijkertijd aan?" vroeg ik. "Meer dan tien of minder dan tien?"

"Ongeveer vijf of zes," zei ze.

"Cool, laten we er vijf doen."

Ik vroeg haar om weer af te stemmen en vijf entiteiten tegelijk toe te staan hun informatie naar haar te downloaden. Ik legde uit dat het downloaden gebeurt als je je cognitieve denken uit de weg haalt en jezelf toestaat om energetische informatie te ontvangen en dat ze misschien iets van een lichte huivering tot een sterke stroomstoot-achtige frequentie door haar lichaam zou kunnen voelen gaan.

Grace begon informatie te ontvangen van de entiteiten, en we waren alle twee gewaar dat de entiteiten een voor een afvielen zodra ze klaar waren met het geven van hun download, totdat de vijfde klaar was. Dit hele proces duurde slechts enkele ogenblikken.

We gingen verder met nog een aantal groepen. Telkens als een groep verdween, voelde ik een soort zwiepende energie als ze vertrokken. We gingen door met de volgende groep die net zo snel en gemakkelijk verdween. Er waren daar zoveel entiteiten voor haar, omdat ze wisten dat ze voor hen beschikbaar was op manieren, waarop veel andere mensen dat niet zijn. Ze wisten dat ze hen kon assisteren, al begreep ze dat zelf niet volledig.

Toen waren we alle twee gewaar dat we op iets met een hogere dichtheid stuitten. Grace, die gedurende het hele proces heel kalm was geweest, werd paniekerig en zei dat ook. Terwijl ik ernaar keek, 'zag' ik dat we een wezen bereikten dat er specifiek voor haar was. We waren een entiteit tegengekomen, die haar iets te zeggen had.

"Kun je horen wat hij zegt?" vroeg ik.

Terwijl ik mijn detective-pet opzette, ging ik verder met vragen stellen om ons alle twee helderheid te verschaffen over wat er moest gebeuren met deze entiteit. Ik begon met, "Wil hij een lichaam hebben, of is het iets anders?"

Grace zei: "Een lichaam hebben"

Onmiddellijk begon haar maag pijn te doen en hij gaf ons het plaatje dat hij haar baby wilde zijn.

"Wil hij jouw kind worden?" vroeg ik.

"Ja."

Toen vroeg ik de voor de hand liggende vraag; "Wil je een kind krijgen?"

"Nee, nee en nog eens nee" zei ze.

"Zeg hem: ik ben niet zwanger, en ik ben ook niet in de nabije toekomst van plan zwanger te worden. Dus, als je een lichaam wilt hebben, moet je iemand anders vinden die een lichaam voor je creëren wil."

Dit scheen geen enkel effect te hebben op de intenties van de entiteit. Dit gaf voor mij aan, dat Grace onbewust een deel van deze relatie aan het creëren was. Misschien had ze in een ander leven een toezegging of belofte aan dit wezen gedaan, zoiets als "Ik zal voor altijd voor je zorgen" of "Ik zal er altijd voor je zijn".

Ik kom dit soort dingen heel vaak tegen. Heel veel mensen hebben entiteiten om zich heen hangen, waar ze zich op een of andere manier, in enig leven, aan toegewijd hebben. Je weet wel, zoals in een trouwceremonie wanneer je zegt, "tot de dood ons scheidt"; maar als je een oneindig wezen bent, ga je dan ooit dood? Voor zover ik weet, kunnen we in een willekeurige dimensie in de vorm van een entiteit bij iemand anders rondhangen of rondspoken, omdat we op een of andere manier aan hen toegewijd zijn.

Deze entiteit wachtte daar op haar om voor hem te zorgen zoals ze gezegd had dat ze zou doen. Het enige probleem was dat Grace deze verplichting totaal was vergeten en in het heden geen interesse had om deze belofte na te komen.

Ik vroeg haar: "wil je al je eden en bloededen, gezworen trouw, beloften, geloften, bezweringen, verplichtingen, bindende en verbindende contracten met dit wezen vernietigen?"

Elke verbintenis of beslissing die je gemaakt hebt in welk ander leven of welke andere realiteit dan ook, kan ongedaan worden gemaakt, zo simpel is het.

"Ja!"

En nog veranderde de energie niet!

Ik vroeg de entiteit of hij al zijn eden, etc. wilde vernietigen en ontcreëren.

"Ja," zei hij, als een schaduw in mijn gewaar zijn.

De energie werd lichter, wat aangaf dat dit een verschuiving creëerde, maar hij vertrok nog steeds niet.

Ik vroeg Grace, "Waarheid, zou je bereid zijn om deze entiteit los te laten?"

Met deze vraag realiseerden Grace en ik ons dat een deel van haar vast wilde houden aan deze entiteit. We realiseerden ons dat dit wezen zo'n lange tijd bij haar was geweest, dat ze het niet meer herkende als een op zichzelf staand wezen. Ze kon zich niet voorstellen hoe haar leven zonder hem zou zijn, en toch, met een vaarwel aan een oude vriend, liet ze hem vrij.

Terwijl dit wezen vertrok, voelden Grace en ik een enorme verlichting.

Ze zei, "Ik voel me bijna verdrietig".

Ik vertelde haar, "Ik begrijp het, want deze entiteit die zo lang een deel van je is geweest, is nu weg".

Ik vertelde dat hij terug zou komen als ze dat wilde, en vlug zei ze: "Nee!"

In de dagen die op ons gesprek volgden, veranderde het hele leven van Grace. Ze viel twee kledingmaten af en ze zei dat ze het zich nooit gerealiseerd had, maar dat er een constant geluid in haar oren was geweest dat nu weg was gegaan.

Door onder ogen te zien wat er was, waarvan ze niet kon geloven dat het er was, was ze in staat om een groot deel van haar leven zomaar te veranderen.

Ik geloof dat iedereen deze verschuivingen en veranderingen kan hebben als hij dat wenst. Het enige dat er voor nodig is, is de moed om datgene onder ogen te zien, waarvan we denken dat het eng of zo goed als onmogelijk is.

Wisseling van de Wacht

Ik was met twee vriendinnen aan het paardrijden in Gidgegannup, in West-Australië. Ik was naar Perth gereisd om deel te nemen aan een Access cursus die Gary faciliteerde en ik besloot een goede vriendin te bezoeken, die vierenveertig kilometer van Perth een paardenranch had. Ze nodigde me uit om haar paarden te ontmoeten en te gaan rijden wanneer de cursus afgelopen was.

Op een mooie, heldere, zonnige dag reden mijn twee vriendinnen en ik naar Gidgegannup, door zich eindeloos uitstrekkende droge aarden heuvels en bosjes stoffige groene eucalyptus.

Mijn vriendin, van wie de paarden waren, was een lange, blonde, atletische Australische, die samen met haar vriend en twaalf paarden op een ruim anderhalf hectare groot landgoed woonde. Ze stelde me voor aan alle paarden en daarna aan haar vriend, in die volgorde. Ik zou een prachtige Hollandse Warmbloed berijden, die Lincoln heette. Lincoln was kastanjebruin, knap en groot, met goede manieren. Hij was het grootste paard op de ranch, maar mijn vriendin verzekerde me dat hij het zachtaardigste hart had. Mijn derde amigo was een oude vriendin van me uit Nieuw-Zeeland, die ik al jaren en jaren kende. We genoten van ons jaarlijkse bezoek aan elkaar voor de paar dagen die we samen hadden, voordat we ieder weer onze weg in de wereld gingen.

Het was zo heet dat ik boardshorts en teenslippers droeg; de perfecte paardrij-kleding – niet dus. Mijn vriendin leende me haar extra chaps. Die trok ik aan om mijn benen te beschermen en ik leende een paar schoenen. Ik zag er geweldig uit. Toen sloeg ik mijn armen over het zadel en trok mezelf op Lincoln.

We besloten langs diverse grote omheinde weiden van de ranch te rijden, om gewend te raken aan onze paarden. We begonnen ontspannen wandelend, kletsend over onze levens en giechelend over niets in het bijzonder, blij met het leven. De tijd ging voorbij en de zon kwam hoger aan de hemel. Meer tevreden konden we niet zijn.

We besloten de paarden te laten draven om te zien hoe het voelde, zoals we dat al honderden keren eerder hadden gedaan. Dat is het laatste dat ik me kon herinneren toen ik weer wakker werd, armen en benen gespreid, op mijn rug in de modder, starend naar de grote, blauwe, wolkeloze lucht.

Er was geen gevoel van weten meer over wat er zojuist was gebeurd. Het enige dat ik kon voelen was het kloppende gevoel in mijn hoofd, of wat ik dacht dat kloppen was, maar ik was niet echt aan het denken of waarnemen op een normale manier, die begrepen kan worden door iemand die nog nooit bewusteloos is geslagen.

Ik had geen flauw benul van de realiteit waar ik in was, en de reis terug naar deze realiteit was plotseling pijnlijk en kan het best beschreven worden als extatisch. Ik had door dat mijn vriendin ergens heel overstuur van was, want ze zat huilend bij mijn hoofd. Ik kwam er later achter dat ze dacht dat ik dood was of onderweg daar naartoe. Ik twijfel er niet aan of haar smeekbede om me terug te laten keren naar mijn lichaam, me terugbracht van mijn ruimtereizen. Nadat ik volledig herstelde in de weken die volgden, herinnerde ik me dat ik buiten mijn lichaam was en dat ik twee paden voor me zag. Eén was terug naar hier en de andere...?

Ik merkte dat de intensiteit van de gevoelens van mijn vriendinnen mij pijn deden, dus vroeg ik ze om te kalmeren. Het voelde letterlijk alsof hun zorgen mijn hersens insloegen. Ze deden hun best om onder de omstandigheden te ontspannen en we zaten lange tijd met z'n drieën in de weide, terwijl ik mijn coördinaten in het leven probeerde her te berekenen.

Ik vroeg hen later hoe het was toen ik weer bij bewustzijn kwam. Ze vertelden me beiden dat ze heel erg bang waren. Ze informeerden me dat ik steeds dezelfde vraag opnieuw bleef stellen, "Waar woon ik?" Ze vertelden me dat ik dit meer dan twintig keer aan hen vroeg. Ze informeerden me steeds weer opnieuw dat ik in Californië woonde en dat ik in Australië een Access cursus aan het volgen was. Toen vroeg ik ze, "Wat is Access?" Geheugenverlies is een wonderlijk en mysterieus iets.

Ik herinner me dat ik de eucalyptusbomen overal om me heen bekeek en dacht, "Wat een vreemde bomen, wat een vreemde plek is dit."

Ik wist dat ik tools had om me te helpen als dingen niet goed gingen, maar ik kon me niet herinneren welke het waren, of voor wat dat betreft, zelfs niet waarom ik ze zou gebruiken. Op dit punt had de vriend van mijn vriendin zich bij ons gevoegd in de weide. Toen herinnerde ik me dat er paarden bij ons waren. Ik vroeg waar de paarden naartoe waren. Hij vertelde me dat hij ze weg had gebracht, wat aangaf dat ik wel een poosje bewusteloos was geweest. Hij hurkte bij ons in het stof neer en hij grinnikte naar me; dit verlichtte de stemming aanzienlijk. Hij mompelde in zichzelf en vertelde me dat ik op een mijnwerker leek. De hele rechterkant van mijn gezicht was besmeurd met stof en modder, wat ik niet kon voelen en nog niet had opgemerkt. Ik had zoveel aarde in mijn neus dat het me wel tien minuten kostte om het er allemaal uit te krijgen toen ik later een douche nam. We lachten allemaal en mijn lachen veranderde al gauw in huilen. Dit waren geen tranen van verdriet, maar het soort tranen dat je huilt als iets diep binnenin je is veranderd en je net van een groot paard bent gevallen, waarbij je gezicht als eerste de grond raakte.

Het is moeilijk voor me om te omschrijven, en misschien voor anderen om het zich voor te stellen, hoe diepgaand deze ervaring was. Ik was als een pasgeboren baby die op acid aan het trippen was. Naarmate ik meer en meer bewust werd, kreeg ik een intense gewaarwording over mijn vriendin 's gevoelens. Ik kon er bijna niet tegen hoe intens het was. Hoe had ik dit voorheen in haar kunnen missen? Was ik echt zo niet gewaar?

Ik voelde me alsof ik werd verbrand door haar gedachten, alsof ze naar me uitschreeuwde op een ondraaglijke frequentie. Het enige dat ik kon doen was proberen de informatie te blokkeren, maar wat ik in het verleden ook had gebruikt om dit soort gewaarwordingen te blokkeren, het was weg. Ik kon het amper verdragen naar mijn blonde vriendin te kijken want ze leek zo verdrietig, dat ik dacht dat als ik naar haar keek, het me zou doden. Natuurlijk was ze bezorgd om me en die gevoelens waren heel zichtbaar, maar ik kon één en één niet optellen – dat ze van streek was omdat ik me bezeerd had. Ik kon slechts haar ontsteltenis als een hamer in mijn gezicht voelen. En dan waren er nog alle gevoelens die ze ooit had gevoeld, die allemaal met ondraaglijke helderheid voor me afgespeeld werden.

En op hetzelfde moment als dat ik al deze beproevingen ervoer, beleefde ik de meest expansieve vredigheid die ik ooit had gevoeld. Het is opmerkelijk waar het brein toe in staat is als het op de juiste manier wordt gestimuleerd.

Ik was erg verbaasd van het bewustzijn over hoeveel er is waar we geen aandacht aan schenken. Ik realiseerde me na het hele incident, toen ik volledig hersteld was, dat de manier waarop ik waarnam dezelfde manier was als waarop een pasgeboren baby de wereld waarneemt. Ik was volledig kwetsbaar en ontvankelijk voor ieders belevingswereld.

In deze nieuwe wereld voelden de mieren in de aarde aan, alsof ze invloed hadden op elke molecuul van mijn bestaan en de open blauwe lucht voelde aan, alsof ze mijn borst openbrak, terwijl ze mijn hart probeerde te bevrijden van een leven lang alles inhouden en mezelf veroordelen.

Ik kon niemand langer dan een fractie van een seconde direct in de ogen kijken, uit angst om opgeslokt te worden door hun gevoelens. Ik kon geen samenhangende gedachte of zin vormen.

Ze bleven me vragen wat ik wilde doen en het enige dat ik kon was huilen en op de grond in het stof liggen, of naar de bomen kruipen, ze knuffelen en nog meer huilen.

Naarmate ik meer bijkwam vroeg ik mijn vrienden vaker naar waarom we hier allemaal waren. Niet waarom we hier op de paardenranch waren, maar waarom we in deze realiteit op planeet aarde waren. Ik kon niet begrijpen waarom we voor zoveel pijn zouden kiezen. Ik kon alles in een keer voelen, de grote kracht en vrede van de aarde en het bange, miserabele, bezorgde, stervende ras dat het menselijke ras heet. Ik kon vanaf deze plek zien hoe mensen gek worden. Hoe zou de aarde ons ooit overleven, hoe zou ik deze plek ooit overleven? En vervolgens werd mijn aandacht ver naar de andere kant van de weide getrokken, waar een eekhoorn een boomstam op klauterde, en ik verbaasde me over de pure vreugde van dat kleine wezentje en huilde over de vreugde die het was.

Dit was als de allerbeste drug waar ik ooit aan was geweest, en ik flipte tussen de allerergste en de allerbeste trip van mijn leven heen en weer. Ik had de realiteit die ik kende compleet verlaten en was in een wonderland vol konijnenholen beland. Als ik focuste of mijn aandacht op een energie of beweging in de wereld om me heen richtte, werd ik er compleet in meegenomen, alsof ik elk facet van zijn bestaan kon zien. Ik was nergens meer van losgekoppeld; ik kon alles voelen pulseren met energie – of was dat alleen mijn hoofd?

Ik vocht tegen de stemmen van de rede, terwijl ze me terugtrokken naar deze plek, maar desalniettemin kwam ik langzaam bij mijn positieven en werd ik onder de douche gepraat en vervolgens in een auto.

Ik dacht meerdere keren dat dit moest zijn zoals het voelt om achterlijk te zijn. Het kon me niet schelen als dit was hoe ik zou blijven. Ik voelde me vrijer dan ik me ooit had gevoeld, ondanks dat ik de prijs leek te betalen omdat ik er niet normaal uitzag of normaal deed.

Ik had nergens op mijn lichaam enige schram of beurse plek.

Ik had twee dagen om te herstellen voordat ik stond ingepland om aan boord van een vliegtuig te gaan en in vijf uur naar de oostkust van Australië te vliegen. Ik bracht die dagen in bed door in een diepe slaap van de hersenschudding.

Langzaam kwam de wereld weer in beeld, maar alles zag er zo anders uit! Ik kon niet opmaken wat er anders was; ik wist gewoon dat het anders was. Ik had geen idee wanneer ik wilde eten of wat ik wilde eten. Ik moest uitvogelen, alsof het voor de eerste keer was, welke hand ik gebruikte om te schrijven. Mijn lichaam zorgde goed voor me gedurende die dagen. Het wist wat het moest doen, ondanks dat ik alle gevoel, voor wat dan ook, was kwijt geraakt.

Wonder boven wonder haalde ik het vliegtuig en overleefde de vlucht naar Brisbane.

Een van de dingen waarvan ik me bewust werd, was een intense pijn in mijn nek. Ik vroeg een vriend van me, dr. Dain Heer, of hij mijn nek kon corrigeren. Dain is een heel goede vriend van mijn familie en hij is een geweldige man. Hij kwam naar Access als een "Network chiropractor" (gespecialiseerd chiropractor). Hij corrigeert en heelt niet alleen je lichaam, hij heeft ook het vermogen om jouw wezen en leven te corrigeren en te helen. Hij verricht wonderen, zoals honderden mensen zullen beamen, en ik heb het geluk dat ik hem als goede vriend heb. Ik verheugde me erop dat ik me beter zou gaan voelen, en ging op de tafel liggen.

In plaats van zijn handen op me te leggen stond Dain daar maar, met zijn hoofd naar één kant gebogen, naar me te staren. Hij legde zijn handen op mijn nek om ze vervolgens terug te trekken en over zijn kin te strijken.

Ik kon merken dat hij verward was, maar ik had geen idee waar hij naar keek.

Op hetzelfde moment vroegen we aan elkaar wat er aan de hand was.

Dain antwoordde eerst.

"Ehm, je bent anders?"

Ik dacht, "Duh, jaha," maar ik vroeg hem wat hij bedoelde. En toen kwam het hoge woord eruit.

Hij zei, "Nou, je lijkt echt anders, ik bedoel totaal anders. Ben je een nieuw wezen?"

Ik dacht dat hij het metaforisch bedoelde en ik zei "ja, ik voel me als een nieuw persoon".

Maar wat hij bedoelde was dat ik letterlijk een nieuw persoon was. Was het wezen dat ik eerst was, vertrokken en was er een nieuwe bewoner of huurder in dit lichaam gekomen? Dit begon door de lagen van speculatie en ongeloof heen te dringen en plotseling begon alles een stuk duidelijker te worden. Ik begreep waarom ik niet uit kon vogelen wat mijn lichaam wilde of hoe ik simpele dingen moest doen zoals tandenpoetsen. Toegegeven, het lichaam herinnerde zich het meeste wat noodzakelijk was; ik moest alleen voor de eerste keer me verbinden met dit lichaam. Ik voelde me werkelijk als een pasgeborene met dit vreemde grote lichaam.

Wat Dain vroeg scheen bijna te ongelofelijk om waar te zijn, maar tegelijkertijd voelde het accuraat. Zodra dit allemaal op z'n plek begon te vallen, nam ik Shannon nummer 1 waar, zoals ik haar graag noem, staand bij de tafel waar ik op lag. Ze keek naar me, vragend om toestemming om weg te gaan. Zowel Dain als ik barstten in huilen uit. Ik weet dat sommige dingen in dit boek heel vreemd zijn geweest en dit verhaal is niet minder vreemd, misschien zelfs een beetje vreemder dan de rest.

Ik zou denken dat ik in het gekkenhuis thuishoorde voor het hebben van alle ervaringen die ik heb beschreven, ware het niet dat ik daardoor de meest gigantische verschuivingen in mijn gewaar zijn heb ontvangen.

Ik kon het wezen dat vóór mij dit lichaam had bewoond naast me voelen staan. Ik kon merken dat ze mij niet was; ze voelde anders aan dan ik. Ze was droeviger – maar ze was ook opgelucht dat ze zou gaan. Ze liet me weten dat ze op mij had gewacht sinds het lichaam veertien was, maar de omstandigheden waren er nog niet naar; het was niet de juiste tijd, tot nu toe. Ze vroeg of ik alsjeblieft op haar moeder wilde letten. Ik vond het bijzonder ontroerend en ook een beetje gek. Was zij nu niet ook mijn moeder?

Het was weer alsof er opnieuw een gigantisch gewicht van mijn schouders werd getild. Plotseling leek alles lichter en helderder, alsof alles sprankelend en gemakkelijk was.

Ik kon mijn tranen van dankbaarheid en verandering niet bedwingen. Ik vertelde Shannon nummer 1 dat ze, jawel, kon gaan en dat ik er klaar voor was om de teugels over te nemen. Ze had geprobeerd om dit gesprek met me te hebben sinds ik bij bewustzijn kwam in het stof in Gidgegannup, West Australië, ik had alleen niet gemerkt of daadwerkelijk door gehad wat er aan de hand was. Het helpt om magische, vreemde vrienden te hebben die je helpen te zien wat je zelf mist.

Zodra Shannon nummer 1 de kamer verliet, ontbrandde een straal van licht binnenin mij. Het was alsof een donkere wolk waar ik nooit aan had kunnen ontsnappen, eindelijk ergens diep binnen in mij was weggehaald.

In de weken na de valpartij ervoeren ik en iedereen om me heen een lichtere, meer heldere, zachtaardigere Shannon. Shannon nummer 1 werd gekweld door demonen van een bepaald soort, demonen die ze sinds haar kindertijd aan boord had genomen om een veelheid aan redenen en in haar tienerjaren met alle drugs. Het leek alsof ze een plek voor me vasthield. Een plek waar ze alle waanzin en misbruik dat sommigen, opgroeiend in deze wereld, kunnen hebben, in zich opnam en er zo goed mogelijk mee omging. De demonen vertrokken toen zij vertrok. Wat overbleef was ik, een wezen met meer openheid voor meer mogelijkheden.

Van het paard vallen was de grootste transformationele ervaring van mijn hele leven, tot op de dag van vandaag. Enorme stukken van schijnbaar onveranderlijke persoonlijkheid en gedrag waren verdwenen. Stukken van mijn leven, of eigenlijk van dat van de vorige bewoner, die grote problemen waren, waren nu afgehandeld, en de opluchting die ik voelde was immens. Na het ongeval maakte ik er met Gary nog een week lang grappen over; alles wat mensen hoefden te doen om te veranderen, was hoofdletsel oplopen en ze zouden anders wakker worden.

Hij lachte dan en zei, "Alles wat je over het leven zou moeten weten, kan je leren op de rug van een paard." Of door, in mijn geval, van de rug van een paard *af te vallen*!

Deel Drie
Leren

*"Op de middelbare school volg je "Wiskunde",
niet "Basiskennis van Psychische Energie
en Communiceren met Entiteiten"*

~ Shannon O'Hara ~

Transcript van 'Talk To The Entities Class' Australië, 2008

Shannon: Deze cursus zal gaan over het jou faciliteren bij het herkennen van je eigen bekwaamheden met entiteiten. Entiteiten kunnen een enorme bijdrage aan ons zijn, als we bereid zijn dat te omarmen. Wees je er alsjeblieft bewust van dat hier dingen mogelijk en beschikbaar zijn, die je wellicht nog nooit overwogen hebt.

Ik zou het fijn vinden als jullie vragen stellen, want de vragen bepalen de kant die de cursus op zal gaan. Als jullie bereid zijn met jullie gewaar zijn een stap te nemen naar een niveau van potentie, dan kunnen we heel veel plezier hebben.

De weidse arena van entiteiten heeft mij gedwongen mijn perceptie op te rekken, omdat hij zo ondefinieerbaar is. Hij is zó ongelijk aan deze realiteit. Hij functioneert niet met tijd, is niet lineair, en elke entiteit of energie is op zichzelf volledig uniek. Het verhaal en de magnetische inprenting van iedere entiteit zijn uniek; ze zijn altijd verschillend.

Je kunt hierbij nooit op de automatische piloot staan. Er is geen lineaire volgorde die je kunt gebruiken, geen vaste formule die altijd met entiteiten werkt. Het is altijd anders, dus het vermogen en de bereidheid om te kijken naar wat is, in plaats van wat je denkt dat je zou moeten zien, kan een paar hele coole deuren openen.

Dus, wat zijn entiteiten? Een entiteit is een energie die vastzit in een identiteit, tijd of plaats. Dus als jullie zeggen, "ik ben die-en-die" of "ik ben een vrouw" of "ik ben zoveel jaar oud" of "ik ben een mens", dan creëer je een definitie en een identiteit waardoor je letterlijk een energetische, magnetische blauwdruk neerlegt, die een unieke entiteit formuleert, die zelfs als je lichaam sterft, zal voortbestaan als de definitie van jou, totdat je iets anders kiest.

Keuze is daadwerkelijk de sleutel waarvan de meeste mensen, met of zonder lichaam, zich niet realiseren dat ze die hebben.

Vraag: Je suggereert dus dat zelfs als je lichaam sterft, de entiteit hier in deze realiteit blijft tenzij hij een andere keuze maakt?

Shannon: Ja, niet altijd, maar ja. En het is ook zo, dat iedere keer als je lichaam sterft, je een magnetische afdruk of blauwdruk met je meeneemt van wat je hebt geweten, wat je hebt gedaan, wat je bent geweest en wat je hebt gedacht. Dus jij als entiteit bestaat nog steeds, maar niet met dit lichaam dat je momenteel ervaart.

Vraag: Zie jij entiteiten?

Shannon: Ja

Vraag (dezelfde deelnemer): Wat zou ervoor nodig zijn dat ik entiteiten zie?

Shannon: Zie je weleens vanuit je ooghoeken dingen bewegen en dat er dan daar niets is?

Deelnemer: Ja.

Shannon: Dat is een entiteit. Dus de eerste stappen naar het zien en gewaarworden van entiteiten zijn elke keer erkennen wanneer je dat doet en alle keren dat dat gebeurde en je het wegwimpelde met "oh, dat was niets". Het gaat erom te erkennen wat je wel waarneemt, ook al lijkt het niet logisch.

Ben je ooit een kamer binnengelopen en dacht je "Oooooh, dit is griezelig" of "ik wil meteen weer weg"? Ieder keer dat je dat erkent, worden je perceptie en je vermogens sterker. Telkens als je ze negeert, ontkent, weerstaat of weigert, nemen ze af. Andere dingen die mensen belemmeren om entiteiten waar te nemen of er relaties mee te hebben, zijn hun projecties en verwachtingen van entiteiten en natuurlijk, hun angst.

Angst is een heel groot onderwerp, en als de mensen eenmaal meer kennis opdoen over wat de wereld van entiteiten werkelijk is en ze stoppen met het aannemen van wat ze lezen in boeken en zien in films, kunnen ze een start maken met het krijgen van een groter gewaar zijn en meer vrede met entiteiten.

Jullie hebben allemaal de neiging te verwachten dat het op een bepaalde manier verschijnt, en het is die verwachting die verhindert dat jullie werkelijk waarnemen wat er is.

De manier voor mensen om te beginnen met hun projecties, verwachtingen en angsten ten aanzien van entiteiten te veranderen, is om te vernietigen en ontcreëren, wat ze van anderen over het onderwerp hebben aangenomen. Stuur het allemaal terug naar de afzender en hopelijk, wanneer daar genoeg van is gedaan, zal men een indruk gaan krijgen van wat hun eigen realiteit met betrekking tot het hele onderwerp is.

Overal waar je besloten hebt hoe entiteiten eruit horen te zien of hoe ze horen te zijn, wil je dat allemaal vernietigen en ontcreëren? Verander dat allemaal, laat het allemaal verschijnen zoals het wil verschijnen, niet zoals je het verwacht of oordeelt hoe het moet zijn.

Dus wat betekent het zien van entiteiten voor jullie, mensen? Want het is de betekenis die jullie hebben gecreëerd en door de tijd heen hebben aangenomen over entiteiten, die jullie vastzet in bepaalde standpunten. Dát maakt het moeilijker om het te zien zoals het is, in plaats van hoe je 'denkt' dat het zou moeten zijn.

Antwoord: Ik neem aan dat entiteiten verantwoordelijkheid betekenen, hocus pocus, de spookachtige verschijning.

Geesten! Verloren zielen! Vastzitten!

Shannon: Inderdaad, dat is interessant, toch? Waar het feitelijk om gaat is, dat entiteiten net als wij zijn! Het gaat om het gewaar worden van de verschillende energieën; en wat is daar voor nodig? Zo dat je kunt ontvangen wat er is, niet wat je 'denkt' dat er is. Wat zal daarvoor nodig zijn? Mensen neigen ernaar te functioneren vanuit het standpunt dat entiteiten grote enge wezens zijn die er op uit zijn om je te pakken te nemen en dat ze allemaal slecht zijn. Dit is simpelweg niet het geval.

Vraag: Heb ik entiteiten die me tegenhouden in mijn leven?

Shannon: Ha-ha-ha, inderdaad, mensen beschuldigen graag de entiteiten van van alles. Dus, waarheid, heb jij een entiteit die jou tegenhoudt in je leven of heb je eigenlijk een wezen dat tracht je te helpen met je lichaam?

Antwoord: Oh wauw, nou, de vraag over het helpen met mijn lichaam resoneerde meer. Dat is grappig, ik had er nooit zo over gedacht. Wat is er voor mij nodig zodat ik naar ze luister?

Shannon: Een betere vraag kan zijn, "Wat is ervoor nodig om meer te ontvangen?", want meer kunnen ontvangen zal je in staat stellen om te krijgen wat zij geven.

Dus waarvan ben je gewaar geweest in je lichaam? Vraag nu meteen, en jullie kunnen dit allemaal doen, aan de entiteiten die hier zijn om je lichaam te faciliteren, om je een sensatie te geven die je niet kan ontlopen. En, wat neem je waar?

Antwoord: Een druk in mijn hoofd.

Shannon: En vraag nu aan de entiteiten die hier zijn om gezondheid en bewustheid in je lichaam te faciliteren, om jou een sensatie te geven die je niet kunt missen. Wat merk je nu?

Antwoord: Het is geen druk; het voelt veel lichter! Ja, wauw, het tintelt door mijn hele lichaam.

Shannon: Dit is de manier om je gevoeligheid voor hen en hun aanwezigheid te gaan ontwikkelen. Jouw lichaam is meer bereid om gewaar te zijn dan jij, dus kan het informatie en sensaties registreren, die je naar een groter gewaar zijn met geesten kunnen leiden. Je lichaam is een enorme ontvanger voor entiteiten. Je lichaam communiceert voortdurend met je om je informatie te geven, die jij misschien mist over wat er energetisch om je heen gaande is. Maar de meeste mensen maken de vergissing door gewoon te zeggen: "oh, ik heb het echt heet" of "oh, mijn hoofd doet zeer".

Dit kunnen manieren van jouw lichaam zijn, om je te vertellen dat er een entiteit aanwezig is. Het kan ook zichtbaar worden op zoveel andere manieren zoals hoesten, tintelende handen of voeten, kippenvel, enzovoorts.

Vraag: Als ik naar een begrafenis ga, huil en snik ik onbeheersbaar, en het kan daadwerkelijk wie dan ook zijn, dat doet er niet eens toe. Wat is dat?

Shannon: Hoeveel pik je op van alle anderen die dat niet uiten? Dat zou een klassiek geval zijn van 'Van wie is dit?'

Deelnemer: Ik zou heel graag entiteiten willen voelen of waarnemen, maar ik voel niets en neem helemaal niets waar.

Shannon: je moet beginnen met erkennen wat je WÉL waarneemt en hoe het er voor jou uitziet, zoals de sensaties in je lichaam. Communiceren met entiteiten kan erg subtiel zijn en het is een kwestie van jezelf ontwikkelen, voorbij aan je vijf zintuigen. Het verschijnt aan iedereen anders, dus nogmaals, er is niet één juiste manier. Het gaat erom het vertrouwen in jezelf te ontwikkelen en de bereidheid het te hebben.

Het gaat erom om uit datgene, waarvan je al besloten hebt dat het waar en echt is, te stappen en te veranderen; veranderen hoe je waarneemt en wat je bereid bent waar te nemen.

Vraag: Dus wat is al die twijfel die voor mij naar boven komt?

Shannon: twijfel is altijd een afleider, die ontworpen is om je af te leiden van wat eronder of erachter gaande is. Angst is ook een afleider. Afleiders voorkomen dat je kijkt naar wat waar is voor jou. Twijfel is nooit echt; je kunt jezelf afvragen wat er onder de twijfel of de angst zit.

Deelnemer: Ja, ik voel een capaciteit of zoiets waarvan ik niet zeker weet hoe ik er mee om moet gaan.

Shannon: Oké, de afleiders voorkomen vaak dat je zelf je eigen potentie en capaciteiten ziet. Is het niet grappig hoe we onze eigen capaciteiten vrezen? Alles is het tegenovergestelde van wat het lijkt te zijn en niets is het tegenovergestelde van wat het lijkt te zijn.

Als je bereid zou zijn, bereidheid is een zeer belangrijk onderdeel, als je bereid zou zijn om over de angst en de twijfel heen te komen en ze niet als echt aan te nemen, kun je toegang tot meer van jou en meer van jouw vermogens krijgen. Zolang je blijft geloven in de twijfel en angst, blijft dat je op dit gebied beperken.

Eén van de dingen die ik zo interessant vind, is hoe mensen zoveel kracht toekennen aan deze entiteiten. Mensen neigen te geloven wat ze zien in films en horen in verhalen over geesten. Weet je, het is grappig, want entiteiten zijn net als mensen; ze zijn net als wij. Sommige zijn slim, sommige niet; sommige zijn zich er niet eens bewust van dat ze heen zijn gegaan.

Vraag: Ik weet dat ik dat vermogen heb buitengesloten. Ik heb dat stuk van mezelf echt afgesloten. Is het alleen een zaak van kiezen?

Shannon: Ja, absoluut. Keuze komt altijd eerst. Daarna kan het vernietigen en ontcreëren van al je besluiten, oordelen en conclusies echt helpen om alles uit de weg te ruimen wat het moeilijk voor je maakt.

Onthoud alsjeblieft ook dat bewust zijn als een spier is. Iedere keer dat je het ontkracht, negeert of ontkent, wordt het zwakker. Telkens als je zoiets hebt van: "Oh, ja, dat nam ik waar!" erken je het, en door het te erkennen wordt het sterker. Je weet misschien niet cognitief wat je door had of je kunt het geen plek geven om het te begrijpen, maar als je erkent dat er iets gebeurt of gebeurde, dan gaat het makkelijker worden. En natuurlijk, vragen of het makkelijker kan worden helpt ook, in plaats van constant te benadrukken dat het moeilijk en griezelig is.

Vraag: Soms als ik slaap, hoor ik iemand mijn naam roepen. Het is zo duidelijk dat ik opsta, omdat ik denk dat het mijn vriend is en dat ik laat ben voor mijn werk of zoiets. Ik ren vervolgens de kamer uit, mijn vriend is al weg en er is helemaal niemand. Ik zweer dat duidelijk mijn naam geroepen werd.

Shannon: Was het zijn stem of nam je aan dat het zijn stem was?

Antwoord: Nee, ik nam aan dat het zijn stem was, maar dat was het niet. Dit is me al zo vaak overkomen.

Shannon: Gebeurt dat in elk huis waar je woont?

Antwoord: Ik denk het eigenlijk wel, maar ik denk dat het in het huis waar we nu wonen het meest gebeurd is. Ook toen ik naar buiten liep naar mijn auto, voelde het alsof iemand in mijn arm kneep.

Shannon: Ja, je naam horen roepen komt meer voor dan je zou denken. De reden dat dit gebeurt terwijl je nog in de lichte ochtendslaap bent, is waarschijnlijk omdat je op dat moment van de dag meer ontspannen en ontvankelijk bent dan op enig ander moment. Dat is wanneer ze tot je door kunnen dringen. Dus als het weer gebeurt, mag je gerust met hen/het praten. Het enige wat je om te beginnen hoeft te doen, is zeggen, "Hoi, wat is er? Kunnen jullie (de entiteiten) dit gemakkelijk voor mij maken, want ik heb niet door wat jullie hier doen of tegen me zeggen, en ik kan jullie momenteel niet zo goed waarnemen."

Antwoord: Dank je.

Vraag: Kunnen ze aan een huis gehecht zijn en jou het huis uit willen hebben?

Shannon: Absoluut, entiteiten nemen, net als wij, standpunten in zoals "Dit is mijn huis, mijn man, mijn vrouw, mijn huisdier." Soms kan je het onbeschrijfelijke gevoel krijgen dat je bij het huis weg moet rennen, en andere keren merk je alleen de vibratie. Spookhuizen zijn inderdaad heel gewoon. Het zou niet mijn eerste keus zijn, om na mijn heengaan tot in de eeuwigheid bij een huis rond te blijven hangen, maar een ieder heeft zo z'n voorkeur.

Antwoord: Nou, ik denk dat er een spook of geest in mijn huis is en die maakte op een keer een heel eng geluid. Een andere keer dacht ik dat hij mij en mijn broer iets aan wilde doen, dus zei ik dat hij op moest rotten en ik weet dat ik veel krachtiger ben dan hij.

Shannon: Ik zou niet per se aannemen dat het in alle gevallen effectief is om hem te zeggen op te rotten of dat jij krachtiger bent dan hij. Ware kracht is de bereidheid om te veranderen. Wat zou je in die situatie hebben kunnen veranderen dat een andere uitkomst zou hebben gecreëerd? Hoe meer je bereid bent om het alleen maar, zonder oordelen en standpunten, te zien, des te groter zal jouw potentie om enige verandering te creëren zijn. Veel mensen verstoppen zich liever en zeggen tegen zichzelf, "ik wil dit niet zien" of "ik wil hier niet mee omgaan." Wie heeft dan de macht, jij of hetgeen waar je niet naar probeert te kijken?

Jij hebt hen de macht gegeven door jouw onwilligheid om ze te ontvangen.

En bedenk ook, gaan alle mensen weg als je ze zegt op te rotten of zullen sommigen toch rond blijven hangen? Zo is het ook met entiteiten.

Antwoord: Nou, het lijkt er gewoon op dat het hen zien en in mijn leven hebben iets zou kunnen betekenen, en dat het mijn leven zou veranderen.

Shannon: Nou ja, dat klopt, het zou je leven veranderen. Ben je er gewaar van wat het zou veranderen?

Antwoord: Ja, ik zou zeker anders naar dingen moeten kijken.

Shannon: Cool, hoe wordt het nog beter dan dat? Onthoud dat de significantie en vaak de leugens die we aan deze entiteiten hangen, juist de problemen creëren. De communicatie met entiteiten hoeft niet heel belangrijk, moeilijk of eng te zijn.

Er zijn een heleboel wezens daarbuiten; ze kunnen familie van je zijn of vrienden, die gewoon hallo willen zeggen en misschien nog even gedag willen zeggen voordat ze gaan.

Ik geef een voorbeeld hiervan in het verhaal "Bezoek van een Oude Familievriendin" waarin Mary, een oude vriendin van de familie, na haar heengaan naar me toe kwam om gedag te zeggen. Als ik weerstand tegen haar had gehad, zou het moeilijker voor haar zijn geweest om tot me door te dringen.

Dat is wat mensen doen; ze hebben weerstand tegen alle entiteiten, omdat ze denken dat ze allemaal slecht zijn. Door mijn bereidheid haar te ontvangen, ondanks dat ik in eerste instantie bang was, was er vriendelijkheid en zorgzaamheid die we beiden deelden.

Vraag: En is er ook een doel met entiteiten, want mij is geleerd om ze te klaren.

Shannon: Wel, ze klaren (of: 'clearen') kan goed zijn, en soms is met ze communiceren passender. Voor mij is het gewoon een kwestie van gewaar zijn van wat er in diverse situaties nodig is. Entiteiten klaren kan zeker een enorme verandering en verschuiving in de energie creëren. En waar het een doel betreft, kan ik alleen maar vertellen wat mijn doel met entiteiten is.

Antwoord: Ja, wat is dat?

Shannon: Om volledig gewaar zijn te hebben—en ik ben nog steeds aan het ontdekken hoe dat eruitziet.

Vraag: Ik heb het gevoel dat ik ze het merendeel van de tijd alleen maar probeer weg te laten gaan.

Shannon: Hoe vaak probeer je al je problemen alleen maar weg te laten gaan, in plaats van naar ze te kijken? Werkt dat doorgaans – of moet je er meestal naar kijken om het probleem waar je mee te maken hebt te veranderen? Wat als er geen problemen zijn? Wat als er niets is om vanaf te komen?

Vraag: Dus het gaat niet altijd over het klaren van entiteiten, het gaat er ook om om er gewaar van te zijn dat ze er zijn?

Shannon: Ja

Vraag: Ik herinner me een cursus die je ongeveer een jaar geleden gaf. Er was daar een vrouw die steeds maar probeerde haar familielid te klaren en dat familielid werd er heel erg boos van!

Shannon: Oh ja, juist, ik geloof dat het haar opa of oma was en hun standpunt was, "Waarom probeer je me weg te sturen?" Dat illustreert heel goed waar ik het over heb. Als ik het me goed herinner, had de vrouw die in de cursus zat om wat hulp in haar leven gevraagd en blijkbaar was deze grootouder gekomen om haar te assisteren met waar ze om had gevraagd. De vrouw had dat niet door en bleef maar proberen de grootouder te laten vertrekken in plaats van de gift van de assistentie te ontvangen.

Vraag: Het komt er dus op neer er gewaar van te zijn wanneer we ze klaren en wanneer we met ze communiceren?

Shannon: Yep, klaren is goed en communiceren is goed, het gaat er gewoon om om gewaar te zijn van wat er nodig is.

Vraag: Ik heb veel entiteiten die bij me binnenkomen en als ik vraag of ze hier zijn om mij te faciliteren dan krijg ik al deze energie.

Shannon: Dat is exact waar ik het over heb. Laat me je dus iets vragen. Ben je een channel?

Geen antwoord.

Shannon: Dat zou een ja- of nee-vraag zijn... cursisten, wat denken jullie?

Cursisten: Ja!

Shannon: Dus, ben je je daar gewaar van?

Antwoord: Ja?

Shannon: Dus tot op zekere hoogte ben je je daar gewaar van, want nú zie je er totaal anders uit dan je normaal doet en is er een aanwezigheid in je ogen die jij niet bent, en je zei net dat entiteiten in jouw lichaam komen. En dus zou ik voorstellen te onderzoeken wat dat voor jou is. Ik weet dat het intimiderend kan lijken, maar je moet alle tools en sleutels hebben, om het voor jou te laten werken, anders zou je het vermogen niet hebben.

Ik denk dat het nogal belangrijk is voor mensen zoals jij, met capaciteiten zoals de jouwe, die channel zijn, om ten eerste te erkennen dat dit gaande is en ten tweede te leren hoe je die capaciteiten kunt gebruiken. Want er zijn zoveel mensen in de wereld die behoorlijk fenomenale capaciteiten met entiteiten hebben en zich er niet bewust van zijn dat dat is wat er met hen gaande is; dat kan zich in veel 'gedragsstoornissen' manifesteren zoals schizofrenie, bipolaire stoornis, depressie, suïcidale neigingen, meervoudige persoonlijkheidsstoornis, OCD, ADD en zelfs autisme. Autisme is een heel ander op zichzelf staand onderwerp, waar ik nu niet op in zal gaan, maar degenen met autisme zijn zich niet alleen heel erg bewust van entiteiten, ze beschikken vaak ook over behoorlijk grote paranormale vaardigheden. Wat als zij de evolutie van de soort zijn naar een hogere vorm van bewustheid? Wat als ze sterke paranormale capaciteiten hebben en niet zogenaamde psychische stoornissen?

Schizofrenen hebben te maken met meerdere entiteiten. Ze zijn niet gek en er is niets mis met ze. In feite is er iets bijzonder spectaculairs aan ze. Mensen met autisme zijn niet achterlijk; ze zijn paranormaal zo vergevorderd, dat ze niet passen in de traagheid en dichtheid alhier.

Wat kunnen deze mensen de wereld leren en laten zien over een andere manier van functioneren, die zoveel meer zou zijn dan wat we nu tot onze beschikking hebben?

Is het niet grappig dat je deze vaardigheden met entiteiten kunt hebben zonder het je echt te realiseren? Nou ja, ik vind het grappig; jullie denken waarschijnlijk dat het frustrerend en raar is.

Hoe energetischer je met dit alles bereid bent te worden -wat betekent dat het niet logisch en solide hoeft te zijn- hoe makkelijker het zal zijn. Praten met entiteiten kan op zoveel verschillende manieren plaats vinden. De grootste fout die ik mensen zie maken, is dat ze veronderstellen dat communiceren met entiteiten zal zijn als praten met mensen mét lichamen. Soms kan het zich zo voordoen, maar ik zou zeggen dat dat de minst voorkomende manier is waarop het verschijnt. Meestal zal het geen gevoel van verbale communicatie zijn, het zal eerder als een download zijn. Het kan bliksemsnel zijn en je zult alle informatie hebben. Het gaat een stuk sneller dan hoe wij in deze realiteit communiceren. Dat is waarom de meeste mensen denken dat ze het niet ontvangen. Het is niet dat je het niet ontvangt, het is omdat het heel erg snel gaat.

Antwoord: Dat is het hem nou juist; ik krijg nooit woorden.

Shannon: Oké, is het zo dat je nooit woorden krijgt of is het dat het doorkomt op een manier waar je niet mee bekend bent?

Antwoord: Juist, hoe ga ik beginnen te begrijpen wat ik doorkrijg?

Shannon: Nou, het is een kwestie van jezelf vertrouwen en zoals ik gezegd heb, hoe meer je het doet, des te makkelijker het wordt. Voor mij ook, ik weet dat wanneer ze iets aan me proberen over te dragen, ze ervoor zorgen dat ik voel wat zij voelen of ze mij geuren of smaken geven. Er zijn zoveel verschillende manieren waarop het allemaal door kan komen; het is simpelweg een kwestie van beginnen te erkennen wat die dingen zijn als ze door komen. De wijze waarop het doorkomt heeft ook te maken met de entiteit die dat overbrengt. Sommigen zijn goed in communiceren en anderen zijn dat niet, net als wij mensen.

Vraag: Wat gebeurt er met entiteiten als ze niet om ons heen hangen? Waar hangen ze uit? Waar is entiteiten-land?

Shannon: Oooh, dat is een grote vraag, waarvan ik niet zeker weet of ik hem eerlijk en volledig kan beantwoorden. Het lastige stuk aan het waarnemen van hoe hun wereld eruitziet, is dat hij niet dezelfde tijd en ruimte realiteit heeft zoals wij die hier hebben. Dus bedenk nu voor een moment hoe onze wereld zou zijn, eruit zou zien en aan zou voelen als we geen tijd hadden zoals we die kennen, wat betekent dat dingen niet opeenvolgend in tijd gebeuren, maar eerder tegelijkertijd, alles ineens. Stel je dan nogmaals voor dat de manier waarop je je verhoudt ten opzichte van ruimte compleet anders is of dat er helemaal geen ruimte is, wat betekent dat jouw relatie tot dingen in de ruimte anders zou zijn. Er zou niet langer een meetbare afstand tussen jou en alle andere dingen zijn. Er zou geen boven en beneden zijn, geen links en rechts, er zou alleen ondefinieerbare ruimte zijn. Als je in de buurt van de perceptie kan komen van hoe dat zou zijn, dan zou je zo ongeveer waarnemen waar zij zijn en hoe dat voor hen is.

Antwoord: Oké, dat is nogal een hersenkraker. (Gelach)

Vraag: Mijn raadsman stierf vorig jaar en ik was verdrietig toen hij dood ging. Ben ik verdrietig omdat ik hem probeer buiten te sluiten?

Shannon: Oké, goeie vraag. Laten we er meteen mee aan de slag gaan, want hij is hier nu. Zou je met hem willen praten?

Antwoord: Ehm, ja, ik denk het wel.

Shannon: Oké, ik ga je een paar tools geven zodat je dit hier nu met mij kunt doen en ook als je alleen bent. Laten we ermee beginnen door hem te vragen om je hand vast te houden. Ik zou willen dat je naar hem kijkt en dat je je bewust bent van wat hij overbrengt.

Antwoord: Juist, oké, ik voel me lichter.

Shannon: Zou je nog meer naar hem willen kijken, alsjeblieft, en hem toestaan er nu voor jou te zijn zoals hij dat toen was?

Antwoord: Ja.

Shannon: De grote misvatting hier is, dat als iemand eenmaal doodgegaan is, ze voor eens en voor altijd weg zijn, voor eeuwig, dag-dag, tot nooit weer ziens. Dat is eenvoudigweg niet waar. Om je de waarheid te vertellen, het betekent heel weinig dat zijn lichaam doodgegaan is. Hij is hier nog steeds, en in dit geval is hij nog steeds heel goed in staat om er voor jou te zijn, zoals hij dat was toen hij leefde, je hoeft alleen maar je mogelijkheden om op een andere manier te ontvangen te ontwikkelen. Hij is niet toe-de-loe, voor altijd verdwenen, hij is op dit moment hier, met ons in de kamer en hij houdt je hand vast. En te merken aan de energie die je begint uit te stralen, zal dit de eerste keer zijn dat je echt van hem ontvangen hebt sinds zijn heengaan. Hoe voelt dat voor je?

Antwoord: Fantastisch, ik heb nog nooit zoiets gevoeld. Het voelt alsof ik warme rillingen over mijn hele lichaam heb en alsof alles lichter en lichter wordt.

Shannon: Mooi, blijf daarmee doorgaan. Nu je een idee hebt over hoe je op hem afstemt, kun je spelen met de connectie, om die zo sterk te maken als je wenst. Is het duidelijk voor je dat hij hier nu is?

Antwoord: Ja, ik denk het wel.

Shannon: Je hebt geluk, hij is een helder wezen. Hij kan zichzelf erg goed overbrengen. Dit is niet met alle entiteiten het geval.

Vraag: Ik heb een vriendin die een paar jaar geleden zelfmoord pleegde en ik was blij voor haar omdat het voelde alsof ze op een betere plek was, maar ik wist dat ze nog niet vertrokken was, ik kon haar nog steeds voelen. Op een nacht, ongeveer drie maanden later, werd ik middenin de nacht plotseling wakker en mijn vriend draaide zich om en hij sprak, maar haar stem kwam eruit en ze noemde me bij een naam die alleen zij gebruikte en ze zei "Ik ga nu", en ze verdween. Denk je dat ze weg is?

Shannon: Ja.

Vraag: Dus kunnen wij entiteiten hier vasthouden? Zoals met haar vriendin die zelfmoord pleegde? Kunnen we entiteiten met onze emoties en zo ervan weerhouden om verder te gaan?

Shannon: Ja, en dat is precies wat er zich voordeed met haar vriendin. Omdat het een zelfmoord was en iedereen een standpunt in nam van: "Oh, dat is afschuwelijk!" Wanneer het heengaan van iemand erg gedramatiseerd wordt, kan dat het wezen vasthouden en onduidelijkheid geven over de keuzes.

Vraag: Hoe gaat dat met dieren?

Shannon: Ja, wanneer je een huisdier significant maakt, dan blijven ze rondhangen, want ze horen jouw verzoek en ze willen daaraan voldoen. Als je wilt dat ze terugkomen als jouw huisdier of je krijgt door dat zij terug willen komen om jouw huisdier te zijn, vraag ze dat dan te doen. Ze zullen dat hoogstwaarschijnlijk doen als ze je aardig vonden.

Shannon: Sommigen van jullie zullen dingen anders gaan opmerken. Als je echt verlangt naar het versterken van je vermogens om entiteiten waar te nemen, kun je deze oefening doen. Als je in bed ligt vanavond, ontspan dan gewoon. Duw bewust je barrières naar beneden, want of mensen zich er nu bewust van zijn of niet, ze hebben de gewoonte barrières op te trekken tegen entiteiten. Duw ze bewust naar beneden en begin waar te nemen wat er is. Begin vragen te stellen zoals "Zijn er entiteiten hier die met me zouden willen praten?" Het stellen van vragen zal het mogelijk maken om de gewaarwordingen te hebben.

Als het vanavond niet werkt, probeer je het morgen weer. Kies een tijdstip waarop het stil is en waarop jij kunt gaan zitten om af te stemmen.

(tegen een deelnemer): Jij hebt dat gedaan en wat gebeurde er?

Deelnemer: Laat me als eerste zeggen dat ik de instelling had, dat alle entiteiten eng en tegen me waren. Toen ik deed wat Shannon zei, was het verbazingwekkend! Ik kreeg hun namen, en ik kreeg ook mee dat ze er waren om mij te steunen en dat ze me mijn hele leven al hadden gesteund. Dit veranderde volledig hoe ik tegen dingen aankeek. Ik ben niet meer continu bang voor entiteiten, in feite ben ik nu meer bereid om diegenen te ontvangen die er zijn om mij te steunen; het is verbazingwekkend. Dank je Shannon.

Vraag: Ik doe entiteiten-clearings, en ik heb er moeite mee om waar te nemen of ze gaan of niet.

Shannon: Als je de woorden zegt, dan gebeurt het. Het kostte mij behoorlijk wat tijd om er echt gevoeligheid voor te ontwikkelen. Dus als je ermee doorgaat, dan zal het zich ook voor jou ontwikkelen.

Wat ik begon te merken met het klaren van entiteiten is, dat ik in een kamer was en zei: "Misschien is hier iets, laten we zien hoe het werkt." Dan deed ik de clearing en merkte ik dat ik een diepe ademteug nam. Dat was een indicatie dat er net iets was gebeurd. Begin gewoon met de Vraag: "En, wat vang ik hier op?" Let op de subtiele energieën.

Vraag: Ik heb net een boerderij gekocht en soms voelt het zwaar en vraag ik me af waarom ik hem gekocht heb. Moet ik entiteiten rondom de boerderij klaren?

Shannon: Ja, doe dat zeker. Je kunt degenen die je gaan helpen met de boerderij vragen om te blijven en de rest moet gaan. Wees grondig en gebruik je tools.

Vraag: (Klein kind) Ik ben bang van het donker in mijn huis.

Shannon: Ben je bang voor alle ruimtes in je huis of alleen voor sommige?

Klein kind: Vooral de gang die naar die ene kamer gaat. Als ik in de kamer van mijn broer ga, doe ik het licht aan en kijk ik achter de deur en in alle kasten.

Shannon: Daar zitten twee kanten aan. Nummer één, ja, je bent je gewaar van entiteiten en energieën. Het is zo, dat je soms toch nog bang zal zijn. Soms ben ik ook nog bang, maar ik heb geleerd om het niet mijn leven te laten beheersen. Soms hebben de entiteiten waar jij bang voor bent jouw hulp nodig, dus zou je bereid zijn hen te helpen?

Kleine kind: Oké.

Shannon: Als je kunt beginnen met vragen welke energieën er zijn die speels en aardig zijn, vraag om speelmaatjes. Zou het niet geweldig zijn als je er meer plezier mee kon hebben in plaats van bang te zijn? Dus zou je bereid zijn om in jouw familie de leider van een groter bewustzijn met entiteiten te zijn?

Kleine kind: Ehm.... ja.

Shannon: Het gaat er dus om de deuren naar deze energieën te openen. We beginnen net, en diegenen van ons die ervoor kiezen dit te hebben, zullen het begin zijn van het veranderen van het bewustzijn op aarde.

De wetenschap leert ons dat alles in het universum gemaakt is van energie en alles gemaakt is van vibrerende moleculen; je gedachten, gevoelens, emoties en je lichaam.

Begin met de moleculen waar alles van gemaakt is waar te nemen en begin daarna de ruimte tussen de moleculen waar te nemen.

Jij bent de ruimte tussen de moleculen, en als je bereid bent de ruimte tussen de moleculen te zijn, dan zal je je realiseren dat alles binnenin jou is. Je bent niet het effect van dingen; jij hebt effect op dingen. Alles kan veranderen gebaseerd op jouw bereidheid om jezelf te zijn en de wereld te veranderen.

Dan zal het gewaar zijn van het universum zichzelf meer beschikbaar stellen aan jou. Jouw grootste bekrachtiging is jouw gewaar zijn. Hoe meer gewaar jij wordt, des te meer het zal bekrachtigen, doen ontwaken, onderrichten en een grotere mogelijkheid creëren voor alles en iedereen. De keuzes die mensen maken creëren als enige anti-gewaar-zijn op deze planeet.

Oké, nu we dus het einde van de cursus naderen; willen jullie alle benodigde energie geven aan de entiteiten die hier voor jullie facilitering zijn? Dankjewel.

Cool, en koppel jezelf nu los van hen allemaal en bedank ze en zeg ze dat ze kunnen gaan.

Bedankt allemaal voor jullie deelname vanavond en bedankt voor jullie bereidheid om een andere mogelijkheid met dingen te hebben.

Deelnemers: Dank je, dank je, dank je.

Informatie

Meer informatie over Shannon O'Hara en Access Consciousness vind je op de volgende websites:

www.TalkToTheEntities.com

www.AccessConsciousness.com

www.ingramcontent.com/pod-product-compliance
Lightning Source LLC
Chambersburg PA
CBHW011746220426
43667CB00019B/2914